Eric Menchon

Süddeutsche Zeitung Edition

Bibliothek der Köche

Eric Menchon

Text: Ingo Swoboda
Fotografie: Bernd Grundmann

Süddeutsche Zeitung Edition

Bibliothek der Köche

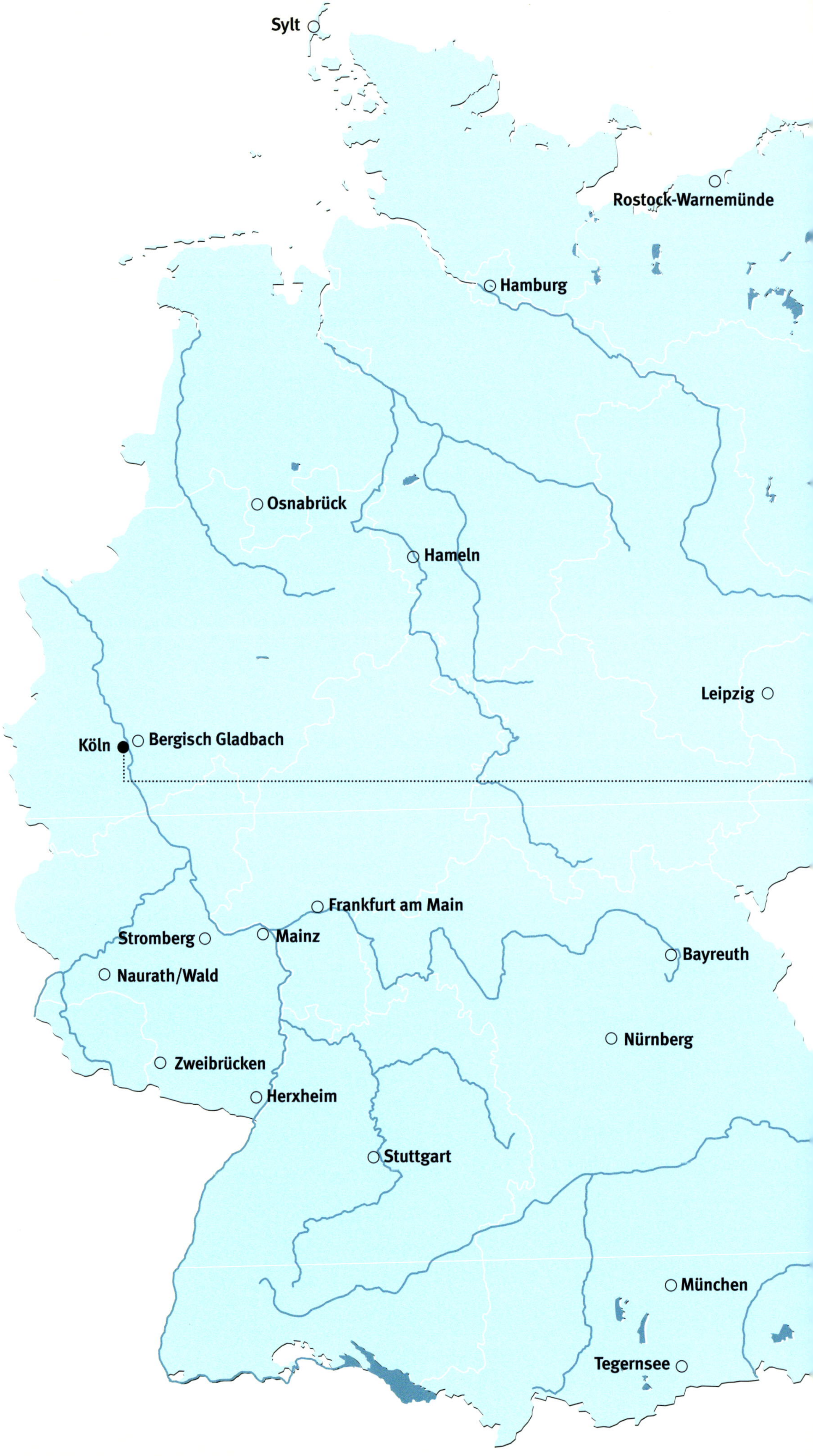
Sylt
Rostock-Warnemünde
Hamburg
Osnabrück
Hameln
Leipzig
Köln
Bergisch Gladbach
Frankfurt am Main
Stromberg
Mainz
Bayreuth
Naurath/Wald
Nürnberg
Zweibrücken
Herxheim
Stuttgart
München
Tegernsee

KÖLN

DIE BIBLIOTHEK DER KÖCHE

1. *Dieter Müller/Nils Henkel* **Bergisches Land**
2. *Johannes King* **Sylt**
3. *Harald Rüssel* **Mosel**
4. *Martin Fauster* **München**
5. *Martin Göschel* **Frankfurt**
6. *Ali Güngörmüs* **Hamburg**
7. *Thomas Kellermann* **Berlin**
8. *Jörg Glauben* **Pfalz**
9. *Eric Menchon* **Köln**
10. *Alexander Herrmann* **Oberfranken**
11. *Frank Buchholz* **Rhein-Main**
12. *Tillmann Hahn* **Mecklenburger Bucht**
13. *Peter Maria Schnurr* **Sachsen**
14. *Bernhard Diers* **Stuttgart**
15. *Michael Fell* **Oberbayern**
16. *Thomas Bühner* **Osnabrücker Land**
17. *Andree Koethe/Yves Ollech* **Mittelfranken**
18. *Karl-Emil Kuntz* **Mittlerer Oberrhein**
19. *Achim Schwekendiek* **Weserbergland**
20. *Johann Lafer* **Hunsrück**

INHALT

INHALT

Fisch

INHALT

INHALT

Desserts

Kölner Nationalgetränk: frisch gezapftes Kölsch vom Fass, in schlanken Gläsern serviert, gehört zur Metropole am Rhein wie der Dom und der Karneval

1

BYRRH
ANCRE-BOCK
Bières en bouteilles
BYRRH

Französischer Flair: das Restaurant von Vincent Moissonnier ist Treffpunkt für frankophile Genießer und gehört seit mehr als 20 Jahren zu den verlässlichen Gourmet-Adressen der Domstadt

ERIC MENCHON

Pas de deux

Frankreichs Verdienste um die Gastronomie sind unzweifelhaft groß, das Mutterland der Feinschmeckerei hat nicht nur unzählige Klassiker an Vorspeisen, Hauptgerichten und Desserts hervorgebracht, auch die weltweit benutzte Küchen- und Restaurant-Sprache ist französisch und ein Großteil der berühmten Vertreter der Kochzunft kommt aus der Grand Nation. Mit der Entwicklung der Kochkunst, die nicht ausschließlich das Privileg der „Haute Cuisine" umfasst, hat sich gleichzeitig eine Restaurant-Kultur etabliert, die Gastfreundschaft in vielen Bereichen der Dienstleistung durchaus unterschiedlich spürbar macht und im Idealfall ihre unaufdringliche Aufmerksamkeit mit den Leistungen der Küche zu einer gastlichen Atmosphäre verknüpft. Küche und Service, weiße und schwarze Brigade sind ein miteinander verbundenes Team, das den Erfolg eines Restaurants nur gemeinsam garantieren kann, das eine bedingt das andere. Ein erfolgreiches Restaurant ist denn auch ein kulinarischer und organisatorischer „Pas de deux", der zwar gewissen Regeln unterliegt, dennoch ausreichend Platz für eigene Vorstellungen

LE MOISSONNIER

und Kreativität lässt, soweit das Miteinander nicht gefährdet ist. Patron Vincent Moissonnier und sein Küchenchef Eric Menchon beherrschen dieses fragile System perfekt, ohne jeweils dem anderen auf den Füßen zu stehen. Zwei Spezialisten mit Leidenschaft für ihren Beruf, die sicher in vielen Dingen unterschiedliche Ansätze und Ansichten haben, denen es aber gelungen ist, Küchen- und Restaurant-Kultur ideal miteinander zu verbinden. Sie kommen beide aus Frankreich, der eine aus den Vogesen, der andere aus dem Süden Frankreichs. Die gleiche Idee hat sie in Köln zusammengeführt, doch bis dahin war es ein weiter Weg.

Im klassischen Ambiente französischer Bistro-Kultur erleben die Gäste französische „Haute Cuisine" in freundlicher und entspannter Atmosphäre

Kindheit in der Provence

Eric Menchon erblickt in Aix en Provence das Licht der Welt. Es ist ein besonderes Licht, das Licht der Provence mit einer unvergleichlichen Helligkeit, das den Himmel besonders blau macht und das schon seinen Landsmann Paul Cézanne und dessen berühmten Malerkollegen inspirierte. Aix en Provence, die historische Hauptstadt der Provence, ist eine Stadt der Kunst und Kultur, reich an geschichtsträchtigen Bauten, aber auch reich an Lebensart und mediterranem Flair. Eric Menchon wächst nur wenige Kilometer von Aix en Provence auf, die kleine Stadt Pertuis liegt am Fuße des Luberon, einem lang gestreckten Bergrücken, der von Cavaillon bis Manosque verläuft. Wein, Getreide, Obst, Gemüse und Lavendel sind die wichtigsten Produkte der Bauern aus der Gegend, der wöchentliche Markt bringt dazu Krustentieren und Fische aus dem nahen Mittelmeer in die provenzalische Stadt. Es lässt sich gut leben in Pertuis, kulinarisch ist die Stadt mit allem versorgt, was es hierzulande bestenfalls in ausgesuchten Delikatessengeschäften zu kaufen gibt. Bei den Menchons wird täglich gekocht, gut gekocht, wie sich Eric heute erinnert. Mutter und Großmutter sind für die Küche zuständig, fangfrischer Fisch steht regelmäßig auf dem Speisenplan, aber auch Couscous, eine Spezialität aus der nordafrikanischen Küche. Für Eric Menchon sind die Geschmackseindrücke seiner Kindheit eine wichtige Erfahrung, um eine profunde Basis des guten Geschmacks bilden, gleichzeitig die Suche nach neuen Kreationen auf diesem Fundament beginnen zu können. Denn der tägliche unkomplizierte Umgang mit dem Zubereiten und Verfeinern von Produkten verschafft dem Kochen einen wichtigen und von allen geschätzten Platz im Leben, Kochen wird aus einer Alltäglichkeit heraus unverzichtbarer Bestandteil einer Lebensart, jenem berühmtem „savoir vivre", das Genuss auch in Kleinigkeiten definiert und eine beruhigende Entspanntheit über das Leben legt. Eric Menchon liebt das Werkeln in der Küche, schätzt das tägliche gemeinsame Essen im Kreis der Familie, aber deswegen gleich Koch werden? Als die Berufswahl ansteht, ist er unentschlossen. 16 Jahre ist er alt und soll sich für eine Sache entscheiden, die seine Zukunft prägen wird. Von der Kochschule in Nizza hat er gehört, die Hotelfachschule mit Internat gilt als eine der Kaderschmieden für den gastronomischen Nachwuchs Frankreichs. Doch bevor sich die Türen des „Lycée Hôtelier de Nice" öffnen, muss der anspruchsvolle Aufnahmewettbewerb bestanden werden. Sein Lehrer traut es ihm nicht zu, doch gerade damit ist Eric Menchons Ehrgeiz geweckt und er ist jetzt erst recht entschlossen, sich dieser Herausforderung zu stellen.

Lehrjahre in Nizza

1981 öffnen sich für Eric Menchon in Nizza die Tore zum Wagnis am Herd, mit gemischten Gefühlen, aber auch mit ein wenig Stolz über die geschaffte Aufnahmeprüfung, zieht der junge Menchon ins Internat ein. 15 Jungen schlafen in einem Zimmer, die Ausstattung ist einfach, die Woche von Druck und Stress geprägt. Entweder geht es an den Herd oder an die Schulbank, dazu kommen Hausaufgaben unter Aufsicht, gemeinsames Abendessen, Abendappell und Nachtruhe ab 22 Uhr. Viel Zeit für Privates bleibt den jungen Lehrlingen während der Woche in Nizza nicht, Eric Menchon freut sich auf das Wochenende mit seiner Familie und seinen Freunden in Pertuis. Der sonntägliche Abschied fällt ihm nicht leicht, nach zwei Stunden Fahrt hält der Bus in Nizza und Menchon ist zurück im harten Alltag seiner Berufsausbildung. Die Lehrer sind noch von der alten Schule, die Ausbildung ist streng, aber umfangreich. Eric Menchon lernt die französische Idee des Kochens von Anfang an, legendäre Kochklassiker aus Auguste Escoffiers Lebenswerk, der als Schöpfer der Grande Cuisine und der Küchenorganisation gilt, stehen dabei genauso auf dem Programm wie Basisgerichte aus den unterschiedlichen Provinzen Frankreichs. Theorie und Praxis haben für die Lehrlinge einen unmittelbaren Bezug, denn zur Schule, in der neben Köchen auch Kellner ausgebildet werden, gehört ein Restaurant, das mittags für das allgemeine Publikum geöffnet hat und damit ein ideales Übungsfeld für die Absolventen ist. Im ersten Jahr müssen sich alle Absolventen in Küche und im Service gleichermaßen bewähren, doch Eric Menchon erkennt schon sehr schnell seine Passion für die Arbeit am Herd und entscheidet sich im zweiten Jahr für den Kochberuf. Er liebt die akribische und fordernde Arbeit am Produkt, das Erkennen von Möglichkeiten und die Chance, mit Geschick und Kreativität neue Impulse in ein Gericht zu bringen, das so noch nie zubereitet wurde. Kochen ist für Men-

Küchenchef Eric Menchon arbeitet mit Passion und Leidenschaft an seinen kulinarischen Kreationen

Boeuf
Tarte
Pistaches

chon von Anfang an nicht die Kopie irgendwelcher Rezepte, sondern die Suche nach dem Geschmack, der Gäste glücklich und der gleichzeitig das Essen zu einem kulturellen Botschafter einer Region, eines Landes, aber auch einer Lebensfreude und einer Lebenslust macht.

Wanderjahre

Nach zwei Jahren strenger und disziplinierter Ausbildung in Nizza, die dem jungen Kochschüler ein sicheres Fundament gelegt hat, erhält Eric Menchon aus den Händen des Direktors das begehrte „Koch-Diplom". Es ist für den jungen Koch wie ein Befreiungsschlag, gleichzeitig der professionelle Einstieg in eine Berufswelt, die ihre eigenen Regeln hat und vollen Einsatz verlangt. Das spürt Menchon gleich bei seinem ersten Engagement im „Le Mazarin" in Aix en Provcence. Das Restaurant pflegt die mediterrane Küche und ist vor allem für seine Fischspezialitäten über die Stadtgrenzen hinaus bekannt. In der Sommersaison boomt das Geschäft, die Küchencrew arbeitet unter Hochdruck gegen die Zeit, es ist ein ständiger Wettlauf mit dem Service, der eine Bestellung nach der anderen in die Küche bringt. Nur einen freien Tag in der Woche, Arbeitszeiten bis weit nach Mitternacht und ein relativ karger Lohn sind die Bedingungen, in denen der 18-jährige Eric Menchon seine ersten Erfahrungen in einer Restaurant-Küche macht. Für die Freunde bleibt nach Feierabend nur wenig Zeit, dennoch wird gefeiert und so manche Nacht der jugendlichen Kondition geopfert. Doch auch die hat Grenzen. Eric Menchon nimmt nach sechs Monaten im „Le Mazarin" eine kleine Auszeit, bevor er in Marseille im „Restaurant des Quatres Saisons" eine neue Stelle antritt. Das kleine Restaurant liegt mitten in der

Patron Vincent Moissonnier hat mit Umsicht und Weitsicht sein Restaurant in die Spitzenklasse dirigiert

Stadt, die Küche ist zwar mediterran orientiert, aber auch neuen Ideen nicht verschlossen und die Ausläufer der Nouvelle Cuisine finden sich in manchen Gerichten wider. Eine interessante Mischung an Stilen, die Eric Menchons Handschrift weiter verfeinert, doch nach knapp einem Jahr steht er vor einer neuen Herausforderung.

Eric Menchon muss seinen Militärdienst ableisten, doch sein Beruf verhilft ihm nach der Grundausbildung zu einer der angenehmsten Stellen in der französischen Armee. Er wird für ein Jahr Koch eines Generals, der in einem kleinen Schloss, umgeben von einem riesigen Park, residiert. Menchon erstellt den wöchentlichen Speiseplan, dem der freundliche Militär in aller Regel zustimmt, kümmert sich um den Einkauf der Produkte und Zutaten und kocht mit Kollegen große Menüs, wenn der General Gäste ins Schloss bittet. Was wie ein Relikt aus einer längst vergangenen Epoche aussieht, wird für Eric Menchon zu einer schönen Militärzeit, an die er gerne und nicht ohne Schmunzeln zurückdenkt. Nach seinem militärischen Beitrag für die Armee als Koch in der Schlossküche kehrt Menchon für rund ein halbes Jahr an seine alte Wirkungsstätte im „Le Mazarin" in Aix en Provence zurück. Es ist nur eine Übergangslösung, Eric Menchon möchte sich weiter entwickeln, sucht neue Herausforderungen am Herd und versucht, in eine der Küchen zu kommen, die vom legendären Guide Michelin mit Sternen ausgezeichnet sind und damit zu den besten des Landes gehören. Doch die französischen Sterne-Restaurants – vor allem die bekannten Häuser in Paris – sind weitgehend geschlossene Gesellschaften, tauschen ihr Personal im „inner circle" und erwarten von den Bewerbern ohnehin Erfahrungen in der Sterne-Gastronomie. Die aber kann Eric Menchon nicht

MORA
gregal

aufweisen, dennoch schickt er mehr als hundert Bewerbungen los, vorwiegend an Restaurants in Südfrankreich. Es kommen viele Absagen zurück, aber endlich auch eine Zusage aus Evian, jenem Ort auf der französische Seite des Genfer Sees, der vor allem durch sein Wasser berühmt wurde. Menchon könnte in wenigen Tagen dort anfangen, doch die Ironie des Schicksals macht ihm einen Strich durch die einzige Zusage in der Sterne-Gastronomie. Nach seinem Urlaub erkrankt er für mehrere Wochen, der Küchenchef im „Casino Royale" in Evian kann nicht länger auf Unterstützung warten und vergibt die freie Stelle an einen anderen Koch. Jetzt ist guter Rat teuer, Menchon ist etwas frustriert, aber keineswegs entmutigt. Er schaltet eine Anzeige mit der Option, auch als Koch im Ausland zu arbeiten. Doch auch darauf ist die Resonanz gering, nur zwei Anrufe melden sich auf Menchons Annonce. Das Angebot aus London entspricht nicht seinen Vorstellungen, dagegen interessiert ihn die freie Stelle in Köln. Das ist zwar nicht das Ausland, von dem er geträumt hat, Menchon will eigentlich weiter in die Ferne ziehen, fernab der alten Heimat. Doch Köln erscheint ihm zumindest einen Versuch wert, zumal er in der Schule Deutsch als erste Fremdsprache gelernt hat und er Küchenchef in einem französischen Restaurant werden sollte, dessen Patron und seine Frau Landsleute sind. Nach 14 langen Stunden Zugfahrt aus Frankreichs Süden in die Stadt am Rhein trifft er Vincent Moissonnier, der gerade sein Restaurant in der Krefelder Straße eröffnet hat und jetzt auf der Suche nach einem französischen Koch ist. Sie verstehen sich von Anfang an, die beiden werden sich schnell einig und schon eine Woche später reist Eric Menchon mit seinen Koffern in Köln an und bleibt. Zwanzig Jahre sind seitdem vergangen. Aus bescheidenen Anfängen ist ein bemerkenswertes Restaurant geworden, dessen einzigartiges Ambiente, der freundliche aufmerksame Service und die ausgezeichnete Küchenleistung harmonisch ineinandergreifen und jeder der Mitarbeiter um Patron Vincent Moissonnier und seinem Küchenchef Eric Menchon ein Stück zu diesem Erfolg beiträgt. Menchon gehört mittlerweile zu den hochdekorierten Köchen Deutschlands, der Koch, der nie zuvor in einer Sterne-Küche gearbeitet hat, besitzt heute zwei der begehrten Auszeichnungen. Chapeau!

Die Patisserie mit ihren einfallsreichen Kreationen ist ein wichtiger Pfeiler im französischen Gourmet-Restaurant und der krönende Abschluss eines gelungenen Menüs

Ihr Spezialist für
Exoten · Beeren · Pilze · Kräuter
Früchte Heep
GMBH

KARAHAN GmbH

TOLEDO

FLEISCHMARKT
WAREN
Jupp Schlömer
A2

ZÜBLIN
ZÜBLIN
ZÜBLIN
STRABAG
STRABAG
ZÜBLIN

ZÜBLIN
ZÜBLIN
ZÜBLIN
Bürgergarde
Dom/Rhein
Am Hof
Hard Rock CAFE

Eine bunte Mischung an Lokalkolorit und Internationalität machen Köln zu einer liebenswerten Stadt, deren einzigartiger Charme hinter vielen Fassaden zu entdecken ist

Bonjour Kölle

Die Krefelder Straße im Stadtteil Neustadt-Nord gehört nicht zu den schicken und mondänen Orten Kölns, hier flanieren keine Touristen auf der Suche nach den Sehenswürdigkeiten der Domstadt und kaum einer würde inmitten der grauen Nachkriegsbauten eines der besten Restaurants der Stadt vermuten. Doch das Haus mit der Nummer 25 sticht aus dieser Großstadt-Tristesse heraus, ein schmaler Bau im Geschmack des Jugendstils, 1910 errichtet, erlebte das Haus in knapp hundert Jahren eine bewegte Geschichte vom Traditionscafé über die polizeibekannte Spielhölle bis hin zum Gourmet-Restaurant. Für Vincent Moissonnier war es Liebe auf den ersten Blick, als er das mit Brettern vernagelte heruntergekommene Anwesen auf der Suche nach einem geeigneten Ort für seine Restaurant-Idee vor mehr als 20 Jahren zum ersten Mal in Augenschein nahm. Eine erste Liebe mit unwegsamen Risiken und ein wirtschaftliches Wagnis in einem Quartier, um das die klassische Gourmet-Klientel bis dahin lieber einen Bogen gemacht hatte. Doch Moissonnier spürt das Potenzial, das sich hinter der Fassade verbirgt und eröffnet hier ein Restaurant, das seinen Namen trägt: „Le Moissonnier". Damals vielleicht ein verrückter Einfall oder eine irre Idee eines jungen Franzosen. Aber Vincent Moissonnier hat für sein Vorhaben mit seiner Frau Liliane nicht nur die richtige Partnerin an seiner Seite, sondern auch ein untrügerisches Gespür für

das Machbare und vor allem dafür, wie man Visionen und Träume erfolgreich umsetzt. Diese Einschätzung teilen nicht alle, denen Moissonnier in seiner Berufslaufbahn begegnet ist. Der ehemalige Schulleiter der Hotelfachschule in Straßburg rät ihm sogar, sich schleunigst einen anderen Beruf zu suchen. Doch Vincent Moissonnier bewirbt sich beim legendären Henry Levy im Restaurant „Maître" in Berlin, avanciert schnell zum zweiten Oberkellner, bis es ihn als Restaurantleiter zu Franz Keller nach Köln verschlägt. Den Traum vom eigenen Restaurant haben die Moissonniers immer mit dabei und im April 1987 ist es endlich soweit. Mit Eric Menchon findet das junge Gastronomenpaar kurz nach der Eröffnung den kongenialen Partner für die Küche, ein ausgesprochener Glücksfall, der mit seinem präzisen, aber leidenschaftlichen Kochstil das Restaurant kontinuierlich zu einer der besten Adressen Kölns macht. Das „Le Moissonnier" ist ein gastronomisches Gesamtkunstwerk, das sich in einem Ambiente abspielt, das so französisch ist wie der größte Teil der Küchen- und Service-Mannschaft und natürlich die Speisenkarte. Pariser Bistro-Stil, Brasserie-Ambiente, französische Restaurant-Kultur: alles scheint sich in dem von Jugendstilornamenten geschmückten Raum in einer spürbaren leichten Atmosphäre zu vereinen, entspannt und unverkrampft dank eines freundlichen und aufmerksamen Service, ein genussreiches Stück Frankreich mitten in Köln. Im „Le Moissonnier" gibt es keine Stars, das Restaurant ist eine glückliche Liaison von leidenschaftlichen Spezialisten, die sich in ihren unterschiedlichen Temperamenten optimal ergänzen und eine erfolgreiche Equipe bilden. Vincent und Liliane Moissonnier sind mitten im Geschehen, der Gast spürt ihre Kompetenz, die lautlos, aber aufmerksam den Ablauf im Restaurant dirigiert. Auf gut 20 Jahre Erfahrung im eigenen Restaurant können die Moissonniers zurückblicken und es scheint, als habe ihre Leidenschaft für die Gastronomie, die immer auch Verzicht auf Freizeit und Privatleben bedeutet, kein Quäntchen nachgelassen. Für Vincent Moissonnier beginnt der Tag früh, mit der Einkaufsliste seines Küchenchefs fährt er auf den Großmarkt in der Südstadt, immer auf der Suche nach frischen Produkten und Zutaten, die die Saison hergibt. Eric Menchon schätzt das gastronomische Wissen und die Erfahrung seines Patrons, gemeinsam besprechen sie neue Gerichte, inspirieren sich gegenseitig, probieren neue Dinge aus, verwerfen manchen Versuch und einigen sich letztendlich bei einem guten Essen und Glas Wein auf die Gerichte, die in das Konzept des Restaurants passen. Der Blick in Kochbücher und auf fremde Rezepte ist eher selten, Moissonnier und Menchon setzen auf ihre Kreativität, um dem eigenen Stil genügend Platz einzuräumen. Das Konzept geht auf, ein Blick in die Speisenkarte des „Le Moissonnier" beweist die Individualität und Handschrift eines Ausnahmekochs, der in Vincent Moissonnier einen idealen Patron und im Restaurant in der Krefelder Straße ein Stück jenes kulinarischen Frankreichs gefunden hat, für das er der beste Botschafter ist.

Gaffel Haus
SPEZIALAUSSCHANK
DER PRIVATBRAUEREI GAFFEL
8a

SÜNNER
KÖLSCH
Brauerei
Pfaffen
Max Päffgen

KÖLSCHE FUNKE RUT-WIESS
VUN 1823

Im Schatten des Kölner Doms ist eine moderne Stadtarchitektur entstanden, die sich von der Enge der alten Quartiere befreit hat

Heimat Köln

Längst ist Köln für die Franzosen aus dem „Le Moissonnier" eine zweite Heimat geworden, schließlich hat die alte Stadt am Rhein romanische Wurzeln und erlebte im Laufe ihrer bewegten Geschichte auch die Franzosen in ihren Mauern. Gegründet von den Römern als „Colonia Claudia Ara Agrippinensium", wird die Siedlung bereits 50 nach Christus zur Stadt erhoben und ist Statthaltersitz für die Provinz Germania Inferior. Aus dem lateinischen „Colonia" wird im Laufe der Jahrhunderte der Name Köln, die Stadt gehört heute zu den größten Städten Deutschlands. Schon im frühen Mittelalter ist Köln eine bedeutende Stadt und Sitz eines selbständigen fränkischen Teilkönigreiches. Um die Jahrtausendwende setzt eine Serie von Stiftsgründungen ein, die den romanischen Kirchenbau in der Stadt einläuten. Köln wird unter der Führung politisch geschickter Erzbischöfe zu einem wichtigen geistlichen Zentrum im Reich, die Überführung der Gebeine der „Heiligen Drei Könige" von Mailand nach Köln machen die Stadt zu einem der beliebtesten Pilgerziele Europas. Die Pilger bringen Geld in die Stadt, Handel und Handwerk beginnen aufzublühen, Köln wächst zu einer der größten Städte heran und muss seine Stadtbefestigungen mehrfach erweitern.

Zeit für den Dombau

Seit dem 12. Jahrhundert führt Köln neben Jerusalem, Konstantinopel, dem heutigen Istanbul, und Rom die Bezeichnung „Sancta" im Stadtnamen. Um diesem Anspruch gerecht zu werden und den Reliquien einen angemessenen Rahmen zu geben, beschließen der Rat der Stadt und die Geistlichkeit ein Gotteshaus von beeindruckender Größe zu bauen. Die Grundsteinlegung des Kölner Domes, bis heute Wahrzeichen der Stadt, erfolgt im Jahre 1248. Doch der Bau der gotischen Kathedrale steht unter keinem guten Stern. Streitigkeiten und Geldprobleme verzögern die Fertigstellung, bis die Arbeiten Mitte des 16. Jahrhunderts endgültig eingestellt werden. Über 300 Jahre bestimmt der unfertige Kölner Dom die Silhouette der Stadt. Erst im Jahre 1880 wird die Kirche, die den Namen „Hohe Domkirche St. Peter und Maria" trägt, nach über 600 Jahren fertig gestellt, vollendet nach den Plänen der Kölner Dombaumeister des Mittelalters und dem erhaltenen Fassadenplan aus der Zeit um 1280. Nach seiner Fertigstellung ist der Dom acht Jahre

lang mit knapp 158 Metern das höchste Gebäude der Welt, die verbaute Steinmasse beträgt rund 300 000 Tonnen. Heute ist der Kölner Dom nach dem Ulmer Münster nur noch die zweithöchste Kirche in Deutschland, aber die dritthöchste der Welt im gotischen Baustil. 1996 wird der Dom von der UNESCO in die Liste des Weltkulturerbes aufgenommen, er gehört mit jährlich rund 6 Millionen Besuchern zu den populärsten Sehenswürdigkeiten Deutschlands.

Franzosen und Preußen am Rhein

Nach den Wirren des Mittelalters, das von Fehden und blutigen Auseinandersetzungen geprägt ist, endet mit dem Einzug der französischen Truppen 1794 die Geschichte der freien Reichsstadt. Köln wird, wie das gesamte linksrheinische Gebiet, in das „Département de la Roer“ eingegliedert und gehört fortan zur französischen Republik. Am Neumarkt errichten jubelnde Kölner einen Freiheitsbaum, die Errungenschaften der Französischen Revolution gewähren den bis dahin benachteiligten Juden und protestantischen Christen neue Rechte innerhalb der Stadtgrenzen. Trotz der Last der französischen Besatzung stehen die Kölner Bürger loyal zum Kaiserreich Napoleons, der 1804 die Stadt am Rhein besucht. Bereits ein Jahr später, im Zuge der Befreiungskriege, kommt Köln nach Beschluss des Wiener Kongresses zum Königreich Preußen, die fröhliche rheinländische Mentalität trifft nun auf preußisches Pflichtbewusstsein, Gehorsam und Disziplin. Die Kölner nehmen es gelassen, die relativ liberalen Gesetze des französischen Code Napoléon bleiben vorerst in Kraft. Die Stadt gewinnt unter den neuen Herren zunehmend an Einfluss und wird nach Berlin zur wichtigsten Metropole des Kaiserreichs. Die mittelalterlichen Stadtmauern werden abgerissen, nur wenige exemplarische Bauwerke bleiben aufgrund einer Intervention des preußischen Kulturministeriums verschont. Köln breitet sein Stadtgebiet aus, die Besiedlung der „Neustadt“ stellt den Kontakt zu den schnell wachsenden Umlandgemeinden her. Im Bombenhagel des Zweiten Weltkrieges geht vor allem die Kölner Altstadt unwiederbringlich verloren, am Ende des Krieges sind fast 90 Prozent der Stadt in Schutt und Asche, die Brücken über den Rhein zerstört, auch der Dom ist schwer getroffen.

HOTEL cristall

KONRAD ADENAUER
1876-1967

Die Einwohnerzahl sinkt auf rund 100 000, erst Anfang der 1960er Jahre erreicht Köln wieder die Einwohnerzahl der Vorkriegszeit.

Kölle Alaaf

Doch die Kölner lassen sich nicht entmutigen, bauen ihre Stadt wieder auf und feiern ihren Karneval, der zur Stadt gehört wie der altehrwürdige Dom. Bereits seit dem 18. Jahrhundert existiert in der Domstadt ein Straßenkarneval, die ausgelassenen Masken- und Kostümbälle sind zunächst dem Adel und dem reichen Bürgertum vorbehalten. Die Franzosen sehen dem bunten Narrentreiben zwar skeptisch, aber dennoch gelassen zu. Die Preußen verstehen dagegen weniger Spaß, was die Kölner jedoch nicht davon abhält, ihre närrische Tradition zu pflegen. Im Jahre 1823 wird das „Festordnende Komitee" gegründet und am 10. Februar des gleichen Jahres rollt der erste Rosenmontagszug unter dem Motto „Thronbesteigung des Helden Carneval" durch die Stadt. Mit dabei sind die Roten Funken, die einstigen Stadtsoldaten und „Bauer und Jungfrau", als Erinnerung an die ehemals freie Reichsstadt Köln. Damals wie heute steckte ein Mann im Kostüm der Jungfrau. „Et muß widder jet ze laache jevve!", das Karneval-Motto der ersten Kampagne nach dem Zweiten Weltkrieg zeigt den Überlebenswillen der Kölner, die trotz der Zerstörungen ihrer Stadt ihren Humor nicht verloren haben. Mit „Das Glücksmädel" eröffnen Willy und Lucy Millowitsch ihr vom Bombenhagel verschontes Theater auf der Aachener Straße und im September 1945 gehen im „Tazzelwurm" die ersten kölschen Revuen über die Bühnenbretter. Auch die beiden Originale „Tünnes und Schäl", denen am Altermarkt ein Denkmal gesetzt wurde, verkörpern etwas von jenem Kölner Humor, der zwischen Ironie und List angesiedelt ist und zur sprichwörtlichen rheinischen Fröhlichkeit gehört.

Kulinarische Denkmäler

Die bekannteste Spezialität der Domstadt ist das „Kölsch", ein obergäriges Bier mit leicht herbem Geschmack, das traditionell in der 0,2-Liter-Stange serviert wird. Was sich „Kölsch" nennen darf, bestimmt die so genannte „Kölsch-Konvention", denn Kölsch ist das bisher einzige Bier, das über eine durch EU-Recht geschützte Herkunftsbezeichnung verfügt. In den einschlägigen Kneipen wird ein leeres Kölsch-Glas, das nicht durch einen Bierdeckel abgedeckt ist, ohne weitere Bestellung durch ein neues ausgetauscht. Wer zum „Kölsch" ein „Halve Hahn" in der Hoffnung bestellt, ein halbes Hähnchen zu bekommen, gibt sich unweigerlich als Fremder zu erkennen. Denn hinter der Kölner Spezialität verbirgt sich ein halbes Roggenbrötchen mit Butter und belegt mit zwei dicken Scheiben Gouda und Zwiebelringen. Bei „Himmel und Äd" erwartet den unkundigen Gast ein Püree aus Kartoffeln und Äpfeln, dazu isst der echte Kölner typischerweise Blutwurst und gebratene Zwiebeln. Natürlich stehen auf der heimischen Speisenkarte auch Hämchen (Eisbein) und der legendäre Rheinische Sauerbraten, unter „Kölsche Kaviar" versteht die bodenständige Küche eine Blutwurst, die roh oder gebraten mit Zwiebelringen und einem Roggenbrötchen serviert wird. Diese bunte Mischung an Lokalkolorit und Internationalität macht Köln in jeder Beziehung zu einer interessanten und liebenswerten Stadt, deren einzigartiger Charme hinter vielen Fassaden in der ganzen Stadt zu entdecken ist.

Hotel am Rathaus
HOTEL
Am Rathaus
Sion
Park-
schein-
automat
883
Rats-Stube
PREMIERE
SPORTSBAR

FOURNEAUX
MOLTENI
FRANCE

Vorspeisen

Gegrillte Jakobsmuscheln mit Sauce Maltaise
Kaninchenpâté mit „Himmel und Äd"
Langustinos mit grüner Mango
Tatar vom Rinderfilet mit Couscoussalat
Thunfisch-Tartelette mit Ingwer-Royale

Gegrillte Jakobsmuscheln mit Sauce Maltaise

und Sellerie-Spargel-Carpaccio

1. Sauce Maltaise: Den reduzierten Orangensaft mit der Sauce Hollandaise vermischen und mit Salz und Pfeffer abschmecken.

2. Demiglace: Das Olivenöl und die Butter in einem großen Topf erhitzen und das fein gewürfelte Gemüse und die Schalotten anschwitzen, bis alles leicht karamellisiert. Dann mit dem Fond ablöschen, die Tomaten und das Bouquet Garni dazugeben und einmal aufkochen. Bei reduzierter Hitze 40 bis 50 Minuten köcheln lassen, bis etwa ein Drittel eingekocht ist. Den Fond durch ein mit einem Tuch ausgelegten Sieb abseihen und weiter reduzieren, bis etwa 250 bis 300 ml übrig bleiben und die Demiglace eine sirupartige Konsistenz hat. Das dauert noch einmal etwa 60 Minuten. Will man sie als Sauce servieren, werden noch kalte Butterwürfel eingerührt.

3. Auf der Aufschnittmaschine die Sellerieknolle in ca. 5 mm dicke Scheiben schneiden und in Salzwasser blanchieren, danach in Eiswasser abschrecken. Den Spargel längs in dünne Scheiben schneiden und ebenso in Salzwasser blanchieren und abschrecken. Die Selleriescheiben in Rechtecke schneiden und mit den auf dieselbe Länge geschnittenen Spargelscheiben belegen. Den Orangensaft auf die Hälfte reduzieren und mit kalter Butter aufmontieren. Damit die Sellerie-Spargel-Carpaccios bepinseln.

4. Die Jakobsmuscheln in einer heißen Pfanne oder auf einer Plancha scharf von beiden Seiten anbraten.

5. Die Sellerie-Spargel-Carpaccios kurz im Ofen bei 200 °C erhitzen. Auf 4 Tellern jeweils 3 Jakobsmuscheln mit Sauce Maltaise anrichten. Die Carpaccios mit Demiglace servieren.

Für 4 Personen

Sauce Maltaise
1 EL Orangensaft, reduziert
200 g Sauce Hollandaise
Salz, Pfeffer

Demiglace
2 EL Olivenöl
30 g Butter
150 g Schalotten
200 g Möhren
100 g Sellerie
100 g Weißes vom Lauch
1 ½ l dunkler Kalbs- oder Hühnerfond
150 g Tomaten
1 Bouquet Garni* aus Thymian, Rosmarin, Lorbeerblatt, Petersilie und Lauch
30 g Butter

Sellerie-Spargel-Carpaccio
½ Sellerieknolle
12 Stangen grüner Spargel
190 ml Orangensaft
50 g Butter

12 geputzte Jakobsmuscheln

* Ein Bouquet Garni oder Kräutersträußchen besteht aus verschiedenen Kräutern, die zusammengebunden oder in ein Baumwollsäckchen gefüllt werden. Traditionell besteht es frisch aus drei Petersilienstängeln, einem Zweig Thymian und einem kleinen Lorbeerblatt.

Tipp

Dazu schmeckt ausgezeichnet ein Aspik mit Gänseleber, Apfel und Räucheraal, hergestellt aus Fischfond und Weißwein, in kleinen Portionen dazu serviert.

Kaninchenpâté mit „Himmel und Äd“

Für 4 Personen

Kaninchenpâté

Erste Farce
50 g Kaninchenkeule
50 g Geflügelleber
50 g geräucherter Speck
Olivenöl
50 ml Rotwein, Salz, Pfeffer

Zweite Farce
(muss 12 Stunden marinieren)
50 g Kaninchenrücken
50 g Schweinebauch
50 g Lardo di Colonnata
(siehe S. 103)
1 Lorbeerblatt, 4 Thymianzweige
2 Rosmarinzweige, 1 Zwiebel
½ Karotte und ½ Lauchstange
100 ml Madeira
100 ml Weißwein aus dem Jura

Dritte Farce
100 g Kaninchenrücken
100 ml Weißwein aus dem Jura
50 ml Marc de Champagne
150 g Steinpilze
½ Knoblauchzehe, 50 g Butter
1 TL gehackte Petersilie
1 Ei und 1 Eigelb
1 EL Crème fraîche
400 g Blätterteig

Selleriesalat
200 g Knollensellerie
Salz, Pfeffer
1 TL weißer Balsamico
1 TL gehackter Estragon
Olivenöl, 1 EL Mayonnaise

Himmel und Äd*
2 EL Zwiebelwürfelchen
50 g Butter, 100 g Blutwurst
1 grüner Apfel
Olivenöl, 1 TL Zimtpulver
Salz, Pfeffer

1. Für die erste Farce die Kaninchenkeulen auslösen und das Fleisch, die Leber und den Speck würfeln. Alle Zutaten in sehr heißem Öl anschwitzen, mit Rotwein ablöschen, salzen, pfeffern, auskühlen lassen und durch die grobe Scheibe des Fleischwolfes drehen.

2. Für die zweite Farce den Kaninchenrücken, den Schweinebauch und den Lardo würfeln. Danach Madeira, Weißwein und die grob gehackte Zwiebel mit den Gewürzen vermengen, das Fleisch dazugeben und 12 Stunden marinieren lassen. Ebenfalls durch die grobe Scheibe des Fleischwolfes drehen.

3. Für die dritte Farce 100 g Kaninchenrücken fein würfeln und ca. 1 Stunde mit dem Alkohol marinieren. Die Steinpilze mit den restlichen Kräutern anschwitzen und mit dem marinierten Fleisch vermischen. Alle 3 Füllungen miteinander vermengen, das Ei und die Crème fraîche zugeben, abschmecken. Den Blätterteig ausrollen und 8 Kreise von ca. 10 cm ausstechen. Mit der Füllung belegen und schließen. Die Blätterteigpasteten 10 Minuten im Ofen bei 220 °C backen.

4. Den Sellerie mit Hilfe einer japanischen Mandoline** zu Spaghetti formen und blanchieren. Mit Salz, Pfeffer, weißem Balsamico, Estragon und Olivenöl würzen. Die Mayonnaise wird extra dazu gereicht.

5. Die Zwiebel in Butter anschwitzen, die Blutwurst dazugeben und kurz erhitzen. In einer zweiten Pfanne die Apfelwürfel in Olivenöl anschwitzen, den Zimt dazugeben, mit Salz und Pfeffer abschmecken. In 4 Metallringe Apfel und Blutwurst abwechselnd schichten und im Ofen bei 220 °C erhitzen.

6. Auf einem Teller die Pastete anrichten, die Blutwurst-Apfel-Mischung danebensetzen und die marinierten Selleriespaghetti und die Mayonnaise dazu servieren.

* „Himmel und Erde“

** Küchenhilfe zum Raspeln und Schneiden von Obst und Gemüse

Langustinos mit grüner Mango

mit Gemüse-Nems

1. Für die Langustino-Bisque die Langustinos aus den Karkassen lösen, die Karkassen zerstoßen und die Karotten, die Schalotten und die Zwiebeln in Scheiben schneiden. Das Olivenöl in einem großen Topf erhitzen und die Karkassen darin anrösten. Die Karotten, die Zwiebeln und die Schalotten zugeben und mitrösten. Dann mit dem Cognac flambieren, das Tomatenmark einrühren und noch 5 Minuten rösten. Nun mit dem Portwein ablöschen und mit dem Scampifond und dem Kalbsjus auffüllen. Die Kräuter, den Knoblauch und den zerstoßenen Pfeffer zugeben und ca. 15 Minuten kochen, dann die Hitze reduzieren und weiter köcheln lassen. Nach etwa 20 Minuten durch ein Sieb geben und dabei die Karkassen gut ausdrücken. Die Sahne oder Crème fraîche einrühren und bei schwacher Hitze noch 5 Minuten köcheln lassen. Mit der Butter aufmontieren und mit Salz, Pfeffer und Cognac abschmecken.

2. Von den 12 aus den Karkassen gelösten Langustinos den Darm entfernen. Die Bisque erhitzen, Langustinen in sehr heißem Olivenöl braten, mit Salz und Pfeffer abschmecken.

3. Pilze, Karotte und Lauch in feine Streifen (Julienne) schneiden. In einer Pfanne die Karotte, Lauch und den Ingwer anschwitzen, mit Soja-Sauce und Austern-Sauce ablöschen. Die Masse mit Créme fraîche, Koriander, Mu-Err, Vermicelle und den Krevetten vermischen. Die Spitzkohlblätter in Salzwasser blanchieren, im Eiswasser abschrecken und Kreise von ca. 4 cm Durchmesser ausstechen. Die Nems in kleine Töpfchen füllen und im Ofen bei 220 °C ca. 5 Minuten erhitzen, mit den Spitzkohlblättern belegen und erneut 2 Minuten erhitzen.

4. Staudensellerie- und Mango-Brunoise einige Sekunden in Butter anschwitzen. Die Garnitur auf 4 tiefe Teller verteilen, mit Bisque angießen und pro Person 3 Langustinos dazugeben. Die Nems separat servieren.

Für 4 Personen

12 Langustinos
400 ml Langustino-Bisque (s. unten)

Bisque von Langustinos
500 g Langustino-Karkassen (von den 12 Langustinos)
40 g Karotten
40 g Zwiebeln
20 g Schalotten
100 ml Olivenöl
15 ml Cognac
30 g Tomatenmark
25 ml weißer Portwein
1 l Scampifond
50 ml Kalbsjus
1 kleines Kräutersträußchen aus Lorbeer, Thymian, Petersilie
2 Knoblauchzehen
½ TL bunter Pfeffer
400 g Sahne oder Crème fraîche
30 g Butter

Gemüse-Nems (kleine Frühlingsrollen)
2 EL gekochte Mu-Err-Pilze
1 Karotte in Julienne
½ Lauchstange in Julienne
1 TL frisch gehackter Ingwer
1 EL Soja-Sauce, 1 EL Austern-Sauce
1 EL Crème fraîche
1 TL gehackter frischer Koriander
30 g gekochte Reis-Vermicelle
4 Krevetten, gekocht
2 große Blätter Spitzkohl

Garnitur
2 Stangen Sellerie in Brunoise*
2 EL grüne Mango in Brunoise
Salz, Pfeffer, Olivenöl

* sehr kleine Würfel

Tatar vom Rinderfilet mit Couscoussalat

Für 4 Personen

Tatar
4 TL Cornichons
4 TL Zwiebeln
1 TL Petersilie
250 g Rinderfilet
4 TL Kapern
1 EL Mayonnaise
1 TL Dijon-Senf
3 Tropfen Tabasco
Salz, Pfeffer

Couscoussalat
1 rote Paprika
2 EL Tomatenconcassé
(Zubereitung s. Anmerkung)
200 ml Salatgurkensaft
1 g Agar-Agar*
4 EL gekochter Couscous
1 TL gehackter Schnittlauch
Olivenöl, Limettensaft
Fleur de Sel

* Agar-Agar ist ein pflanzliches Binde- und Geliermittel, das aus Meeralgen gewonnen wird und in Form von Pulver und Flocken angeboten wird. Es ist eine gute Alternative zu Gelatine, besitzt dabei aber eine viel stärkere Gelierkraft.

1. Die Cornichons, die Zwiebeln und die Petersilie hacken. Das Rindfleisch durch die feine Scheibe des Fleischwolfes drehen. Mit allen anderen Zutaten vermischen und mit Salz und Pfeffer abschmecken.

2. Die Paprika grillen, enthäuten und mit Knoblauch in Olivenöl marinieren. Natürlich kann man davon auch mehr herstellen, denn die marinierte Paprika ist vielseitig verwendbar und lässt sich eingelegt auch etwas länger aufbewahren. Den Gurkensaft einmal aufkochen und mit Agar-Agar vermischen, dann noch einmal aufkochen und dünn auf ein Blech gießen. Erkalten lassen.

3. Mit Hilfe eines Ausstechers 4 Kreise von 3 cm Durchmesser vom Gurkengelee und der marinierten roten Paprika ausstechen. In 4 Förmchen oder kleine Gläser das Tomatenconcassé verteilen, darauf jeweils eine Scheibe Paprika und Gurkengelee legen und mit dem gekochten Couscous bedecken. Mit Olivenöl, Limettensaft, gehacktem Schnittlauch und Fleur de Sel abschmecken.

4. Mit Hilfe zweier Esslöffel Nocken vom Tatar abstechen, auf 4 Teller verteilen und mit Olivenöl beträufeln. Separat die Förmchen mit Couscoussalat servieren.

Anmerkung

Um eine Tomatenconcassé vorzubereiten, werden Tomaten enthäutet, von den Kernen befreit und gewürfelt. Etwas Olivenöl erhitzen und eine Schalotte und eine Knoblauchzehe darin anschwitzen. Die Tomaten darin bei kleiner Hitze schmelzen. Mit Salz und Pfeffer abschmecken und nach Geschmack mit Thymian und Rosmarin würzen. Für dieses Rezept werden 3–4 Tomaten benötigt, das Concassé lässt sich aber in einem Schraubglas einige Tage aufheben und schmeckt auch zu Gemüse, Nudeln oder Fisch ausgezeichnet.

Thunfisch-Tartelette mit Ingwer-Royale

mit marinierten Anchovis

1. Den Blätterteig ausrollen und zwischen 2 Blechen im Ofen bei 200 °C backen. Daraus mit einem Messer 4 Rechtecke von etwa 15 cm Länge und 3 cm Breite schneiden. Den Spinat kurz in Butter dünsten und mit dem Ingwer-Royale auf dem Blätterteig verteilen, mit einer Scheibe Thunfisch bedecken, mit Marinade bepinseln und ca. 30 Sekunden im Ofen bei 200 °C erhitzen, mit Fleur de Sel abschmecken.

2. Alle Zutaten für die Marinade vermengen. Die Anchovisfilets 2 Stunden darin einlegen, die Birne in dünne Scheiben schneiden und diese in Butter anschwitzen. Die Anchovis aus der Marinade herausnehmen und in die Birnenscheiben einrollen, mit der Marinade beträufeln und mit Fleur de Sel abschmecken.

3. Die Sahne mit dem Ei und dem gehackten Ingwer vermischen, in eine Form 2 cm hoch einfüllen und bei 90 °C im Ofen ca. 20 Minuten im Wasserbad pochieren.

4. Auf einem rechteckigen Teller jeweils ein Tartelette anrichten, die Anchovisfilets mit Birne getrennt dazu servieren.

Für 4 Personen

Thunfisch-Tartelette
200 g Blätterteig
200 g mit Butter gedünsteter Spinat
4 dünne Scheiben Thunfisch (Sushi-Qualität) von ca. 15 cm Länge, 3 cm Breite und 3 mm Dicke
Fleur de Sel

Marinade
(muss 2 Stunden marinieren)
100 ml Olivenöl
50 ml Soja-Sauce
1 TL Zitronensaft
½ Knoblauchzehe

4 Anchovisfilets
4 dünne Scheiben Birne, in Butter angeschwitzt

Ingwer-Royale
100 g Sahne
1 Ei
20 g rosa Sushi-Ingwer
Salz, Pfeffer

Anmerkung

Royale ist die französische Bezeichnung für Eierstich.

Suppen

Bouillon von Langustinen mit Zitronengras
Eintopf von Saubohnen mit Fleischjus
Glühwein mit Entenstopfleberpraline
Seeigelflan mit Kopfsalatvelouté
Tomatengazpacho mit Tatar vom Bonito

Bouillon von Langustinen mit Zitronengras

Für 4 Personen

Bouillon
1 kg Langustinenschalen
3 EL Olivenöl
30 g Butter
100 g Schalotten
50 g Möhren
50 g Staudensellerie
8 Knoblauchzehen
1 Stange Zitronengras
250 g Tomaten
1 EL gestoßener schwarzer Pfeffer
50 ml Cognac
400 ml Weißwein
2 l Fischfond

Klärmasse
1 Schalotte
60 g Möhren
50 g Tomate
30 Staudensellerie
½ Bd Zitronenmelisse
7 Eiweiß
5 EL zerstoßenes Eis
150 g Fischfilet

8 Langustinenschwänze
Olivenöl
4 Blätter Zitronenmelisse in Julienne

1. Die Langustinenschalen grob zerstoßen und in heißem Öl farblos anschwitzen, die Butter, Schalotten, Gemüsewürfel, den Knoblauch und das Zitronengras zugeben und 5 Minuten weiter anschwitzen. Dann die Tomatenwürfel dazugeben und mit Cognac ablöschen. Den Fond reduzieren und mit dem Weißwein ablöschen, nun auf die Hälfte reduzieren, mit Fischfond auffüllen und bei niedriger Hitze 30 Minuten köcheln. Durch ein Haarsieb passieren.

2. Zum Klären der Bouillon die Schalotte, Möhren, Tomaten und Sellerie fein würfeln. Alle Zutaten mit dem angeschlagenen Eiweiß und 5 Löffeln zerstoßenem Eis vermischen. Die passierte Brühe aufkochen und die Klärmasse unterrühren. Langsam aufkochen und vom Herd nehmen. Vorsichtig durch ein Passiertuch gießen.

3. Die Langustinenschwänze in heißem Olivenöl kurz braten. Die Consommé in Cocktailgläser verteilen, die Langustinen dazugeben und mit der Melisse garnieren.

Eintopf von Saubohnen mit Fleischjus

mit Ahornsirup und Senf

Für 4 Personen

350 g Saubohnen
1 Karotte
4 Schalotten
2 Stangen Staudensellerie
2 mehlig kochende Kartoffeln
2 Knoblauchzehen
2 Liebstöckelzweige
100 g Butter
250 ml dunkler Fleischfond
100 ml heller Fleischfond
4 Mettwürstchen

100 ml geschlagene Sahne
1 El Senf
2 EL Ahornsirup
Olivenöl

1. Die Saubohnen blanchieren und häuten. Es sollten 300 g für den Eintopf verbleiben. Die Karotte, die Schalotten, den Sellerie und die Kartoffeln fein würfeln. Ebenso den Knoblauch und den Liebstöckel fein schneiden. In einem Topf Butter erhitzen, die Gemüsewürfel, die Bohnen, den Liebstöckel und den Knoblauch darin farblos anschwitzen. Mit dem hellen und dem dunklen Fond ablöschen und bei geringer Hitze köcheln lassen.

2. Die Mettwurst von der Haut befreien, in kleine Würfel schneiden und zur Suppe geben und kurz darin erhitzen.

3. Zum Anrichten die Sahne schlagen, mit einem heißen Löffel Nocken von der Sahne abstechen und auf den heißen Eintopf geben. Den Senf mit dem Ahornsirup vermischen und darüberträufeln, mit einem Schuss Olivenöl servieren.

Glühwein mit Entenstopfleberpraline

1. Von der Zitrone und der Orange die Schale in Zesten abziehen. Den Rotwein mit allen Zutaten aufkochen und auf 400 ml reduzieren, vom Herd nehmen und ziehen lassen. Durch ein Haarsieb passieren.

2. Alle Zutaten für die Gewürzbeutel bis auf die Zesten im Mörser grob zerstoßen. Mit den Zesten mischen und in die Lemonwraps einpacken.

3. 1 Blatt Filoteig mit Butter einpinseln, das zweite Blatt darauflegen und 4 Kreise von 10 cm Durchmesser ausschneiden. Die Entenstopfleber auf dieselbe Größe wie die Pumpernickel ausstechen und darauf verteilen. Mit dem Filoteig umwickeln. Die Stopfleberpralinen im Ofen bei 230 °C etwa 4 Minuten backen.

4. Den Glühwein erhitzen und auf Teetassen verteilen. Die Gewürzbeutel in die Teetassen geben und ziehen lassen. Die Entenstopfleberpralinen getrennt dazu servieren.

Für 4 Personen

Glühwein
1 unbehandelte Zitrone
1 unbehandelte Orange
600 ml kräftiger Rotwein
1 Vanilleschote aus Tahiti
1 Sternanis
1 Nelke
1 Zimtstange
100 g brauner Zucker

Gewürzbeutel
1 gehackte Vanilleschote
4 Kapseln grüner Kardamom
1 Sternanis
1 Nelke
4 Pfefferkörner
1 Zimtstange
1 TL Darjeeling-Tee
4-mal Zesten von 1 Orange
4-mal Zesten von 1 Zitrone
4 Lemonwraps

Entenstopfleberpralinen
2 Blätter Filoteig
20 g geklärte Butter
100 g Entenstopfleberterrine
4 runde Scheiben Pumpernickel

Anmerkung

Lemonwraps sind kleine Säckchen, meist aus Kunststoffgewebe, in die normalerweise Zitronenhälften gebunden werden. Das Säckchen verhindert beim Ausdrücken das Herausfallen der Kerne. Hierein lassen sich aber auch Gewürze einbinden, um sie später aus einer Flüssigkeit einfach wieder herauszunehmen. Ersatzweise kann man ein Stückchen Gaze verwenden.

Seeigelflan mit Kopfsalatvelouté

und Meeresfrüchten

Für 4 Personen

Kopfsalatvelouté
2 Kopfsalate
300 ml Sahne
90 g Butter
100 ml Muschelfond
Muskatnuss
Fleur de Sel
Pfeffer

Meeresfrüchte
50 g Herzmuscheln
40 g Messerscheidemuscheln
2 Jakobsmuscheln
50 g Miesmuschelfleisch
Gemüsebrühe, Weißwein,
Zwiebel

Seeigelflan
8 Seeigel
150 ml Sahne
2 Eier

1. Den Kopfsalat in kochendem Salzwasser blanchieren, abschrecken und gut abtropfen lassen. Die restlichen Zutaten dazugeben und mit dem Stabmixer gut pürieren und zu einer leichten Velouté verarbeiten.

2. Die Meeresfrüchte vorbereiten, das heißt die Miesmuscheln in einem Sud aus Gemüsebrühe und Weißwein mit Zwiebeln à la marinière kochen, aussortieren und auslösen, die Herzmuscheln und die Messerscheidemuscheln auslösen und klein schneiden und die Jakobsmuscheln würfeln.

3. Die Seeigel mit einer Schere öffnen, den Saft durch ein Haarsieb passieren, die Seeigelzungen beiseite legen. Alle Zutaten fein mixen und durch eine feines Sieb passieren. In kleine Förmchen füllen, im Wasserbad 5 Minuten bei 90 °C pochieren.

4. Die heiße Velouté in ein Cocktailglas geben, das Muschelfleisch dazugeben, den Seeigelflan in die Mitte des Tellers setzen, mit Julienne von Kopfsalat garnieren.

Tomatengazpacho mit Tatar vom Bonito

1. Die Tomaten vierteln, die Salatgurke grob zerkleinern, die Paprika schälen, vom Kerngehäuse befreien und grob schneiden. Den Knoblauch und die Zwiebel schälen und würfeln. Alle Zutaten mit dem Wasser, Essig und Salz in einer großen Schüssel vermischen und 12 Stunden kalt stellen. Danach mit dem Mixer fein pürieren und abschmecken.

2. Die Gurke und den Bonito in feine Würfel schneiden, die Gurke leicht salzen und in einem Küchentuch 5 Minuten lang abtropfen lassen. Die Zwiebel fein würfeln, die getrockneten Tomaten, das Basilikum und die Minze hacken. Alle Zutaten miteinander vermischen, mit Salz, Pfeffer, Olivenöl und 3 Tropfen Tabasco würzen.

3. Die Gazpacho auf Cocktailgläser verteilen, mit Olivenöl beträufeln und Parmesanhobel darauf verteilen. Den Bonito-Tatar auf kleinen Tellern mit Hilfe von Metallringen anrichten.

Für 4 Personen

Tomatengazpacho
(muss 12 Stunden ziehen)
400 g Strauchtomaten
100 g Salatgurke
80 g rote Paprika
80 g grüne Paprika
50 g Zwiebeln
1 Scheibe trockenes Weißbrot
1 Knoblauchzehe
100 ml Wasser
3 EL Xeres-Essig*
Salz und Tabasco

Tatar vom Bonito (Thunfischart)
40 g Salatgurke
200 g Bonito
20 g rote Zwiebeln
20 g getrocknete Tomaten
2 Basilikumblätter
2 Minzeblätter
3 EL Olivenöl
Salz, Pfeffer
Tabasco

* lange gelagerter Sherry-Essig mit kräftigem Aroma

Anmerkung

Der echte Bonito ist eine zu den Thunfischen zählende Makrelenart, die vorwiegend in tropischen Meeren vorkommt, im Sommer auch in der Nordsee. Mit einem Meter Länge erreicht er ein Gewicht von ca. 20 kg.

Fisch

Gebratener Zander in Minz-Melisse-Schaum
In Mandelmilch pochierter Kabeljau
Meeresfrüchteragout mit Sauce Bourride
Rotbarbe mit grüner Papaya und Bananenpulver
Wolfsbarsch mit Tee von Zitroneneisenkraut

Gebratener Zander in Minz-Melisse-Schaum

mit Tagliatelle von Sepia und Porquerolaise

Für 4 Personen

3 Sepia

1 Bund Minze
1 Bund Zitronenmelisse (gezupft)
500 ml Fischfumet
100 g Butter
1 EL Crème fraîche
Salz, Pfeffer
4 Zanderfilets à 150 g
Olivenöl
30 g Nussbutter*

Porquerolaise
100 ml Zitronensaft
100 ml Olivenöl
250 ml Wasser
250 ml Weißwein
1 Lorbeerblatt
1 EL Koriander
1 Zweig Thymian
5 Pfefferkörner (in einem Gewürzbeutel)
1 EL Schalotte
1 EL Cornichons
1 EL Oliven
1 EL Kapern
1 EL Tomatenconcassé
Salz, Pfeffer

*Nussbutter: in der Pfanne angebräunte Butter

1. Die Sepia putzen und die Körper übereinanderlegen, in Folie einwickeln und einfrieren. Die Minze und die Melisse kurz in kochendem Wasser blanchieren und sofort abschrecken. Den Fischfumet mit Butter und Crème fraîche zu einer sämigen Sauce reduzieren und mit Minze und Melisse im Mixbecher der Küchenmaschine fein pürieren. Mit Salz und Pfeffer abschmecken. Die gefrorenen Sepia mit der Schneidemaschine zu feinen Tagliatelle schneiden. Die Zanderfilets in Olivenöl auf einer Seite scharf anbraten, umdrehen und 4 Minuten im Ofen bei 230 °C garen. Die Sepia-Tagliatelle kurz vor dem Servieren in Nussbutter 10 Sekunden scharf anbraten.

2. Den Zitronensaft, das Olivenöl, das Wasser und den Weißwein in einen Topf geben. Das Lorbeerblatt, den Koriander, den gezupften Thymian und die Pfefferkörner in ein Gewürzsäckchen füllen und zu dem Sud geben, aufkochen und bei mittlerer Hitze um die Hälfte reduzieren. Dann die Schalotte, Cornichons und Oliven hacken, es soll jeweils ein Esslöffel als Zutat bleiben und mit den Kapern und dem Tomatenconcassé (siehe S. 57) einrühren. Nun weitere 15 Minuten köcheln lassen, mit Salz und Pfeffer abschmecken.

3. Die Sepia-Tagliatelle zusammen mit der Porquerolaise in Porzellanschalen geben. Die Minz-Melisse-Sauce mit dem Stabmixer aufschäumen und in tiefen Tellern mit den Zanderfilets anrichten, mit Olivenöl beträufeln.

In Mandelmilch pochierter Kabeljau

mit frittierten Wan-Tan von Meeresfrüchten

Für 4 Personen

Kabeljau
1,5 l Milch
4 Lorbeerblätter
1 Thymianzweig
200 g gegrillte Mandeln
1 TL Bittermandelaroma
4 Filets vom großen Angelkabeljau à 200 g

Wan-Tan
8 Scampi
200 g Kalmar

1 Schalotte
½ rote Peperoni
1 TL frischer Ingwer
1 TL frischer Koriander
½ Knoblauchzehe
2 Zesten einer Limettenschale
50 ml Olivenöl

16 Wan-Tan-Blätter
1 Eigelb
1 l Pflanzenöl zum Frittieren
5 Blätter Zitronenmelisse

Sauce
500 ml Fischfond
80 ml roter Portwein
80 ml Noilly Prat
200 g Crème fraîche
Olivenöl
gegrillte Mandeln zum Garnieren

1. Die Milch mit den Lorbeerblättern und dem Thymianzweig aufkochen, die gegrillten Mandeln bis auf einen Esslöffel voll dazugeben und bei niedriger Hitze 30 Minuten ziehen lassen, pürieren und durch ein Haarsieb passieren, Bittermandelaroma dazugeben und abschmecken. Den Kabeljau in der Mandelmilch bei 65 °C etwa 15 Minuten pochieren.

2. Die Scampi und den Kalmar durch die feine Scheibe des Fleischwolfes drehen, die Aromaten fein hacken und mit dem Olivenöl und den Limettenzesten hinzufügen und alles gut vermischen. Die Teigblätter mit der Farce füllen, die Ränder mit Eigelb bestreichen und zu Dreiecken einschlagen. Die Wan-Tan im Pflanzenöl bei 160 °C goldbraun frittieren, auf Küchenpapier abtropfen lassen. Leicht salzen.

3. Den Fischfond mit Portwein und Noilly Prat auf die Hälfte reduzieren. Dann die Crème fraîche zugeben und dickflüssig einkochen. Mit dem Pürierstab aufschäumen.

4. In einem tiefen Teller die aufgeschäumte Sauce anrichten, das Fischfilet hineinlegen und mit gegrillten Mandeln garnieren. Separat dazu die Wan-Tan mit der Zitronenmelisse anrichten.

Meeresfrüchteragout mit Sauce Bourride

und Passionsfruchtvinaigrette

Für 4 Personen

Meeresfrüchteragout
1,5 kg Bouchot-Muscheln
1,5 kg Herzmuscheln
750 ml Weißwein
1,5 kg Messerscheidemuscheln
12 Scampi
12 große Langustinen
Olivenöl

Sauce Bourride
500 g Knurrhahn
1 Bouquet Garni (aus Lorbeer, Lauch, Thymian, Petersilie gebunden)
1 Möhre
1 Zwiebel
1 Knoblauchknolle
500 ml trockener Weißwein
200 ml Muschelfond
2 EL Crème fraîche
150 g Butter

Bohnencreme (muss z.T. am Vorabend zubereitet werden)
200 g getrocknete weiße Bohnen
1 Bouquet Garni
1 Möhre
1 Zwiebel
1 Estragonzweig

Vinaigrette
4 Passionsfrüchte
2 EL Macadamiaöl
Salz, Pfeffer

1. Die Bouchot- und Herzmuscheln mit Weißwein in einem Topf mit geschlossenem Deckel garen und aus der Schale lösen. Die Garflüssigkeit aufheben, einige Muschelschalen als Dekoration zur Seite legen. Die Messerscheidemuscheln, die Scampi und die Langustinen roh aus der Schale lösen. Die Sauce Bourride aufkochen, die Meeresfrüchte bis auf die Langustinen dazugeben und ca. 30 Sekunden mitkochen. Die Langustinen in heißem Olivenöl braten.

2. Möhre, Zwiebel und Knoblauch zusammen mit dem Bouquet Garni anschwitzen, den ganzen, nicht ausgelösten Knurrhahn dazugeben und weitere 5 Minuten anschwitzen. Mit Weißwein, Wasser und dem Muschelfond auffüllen. Bei niedriger Hitze ca. 1,5 Stunden köcheln, falls nötig, mit etwas Wasser nachfüllen. Die Suppe mit allen Zutaten zuerst durch die Flotte Lotte, danach durch ein Haarsieb passieren. Auf die Hälfte reduzieren. Anschließend die Crème fraîche und Butter dazugeben, um eine sämige Sauce zu erhalten.

3. Am Vorabend die weißen Bohnen in kaltem Wasser einweichen. Am nächsten Tag mit dem Bouquet Garni, der Karotte und der Zwiebel kalt ansetzen. Nach der Hälfte der Kochzeit salzen. Die gegarten Bohnen abschütten, das Bouquet entfernen, etwas Sud aufheben und in der Küchenmaschine mit dem Gemüse fein pürieren und abschmecken.

4. Den Passionsfruchtsaft mit dem Macadamiaöl emulgieren und mit Salz und Pfeffer abschmecken.

5. In einem tiefen Suppenteller einen großen Esslöffel Bohnenpüree anrichten, Meeresfrüchte dazugeben und großzügig mit Sauce angießen, pro Person drei Langustinen zugeben und mit Passionsfruchtvinaigrette servieren.

Rotbarbe mit grüner Papaya und Bananenpulver

1. Die Langustinen-Karkassen im Ofen bei 200 °C rösten und mit dem Weißwein ablöschen. Zusammen mit Fond blanc und Fischsauce in einen Topf geben und um drei Viertel reduzieren. Durch ein Haarsieb passieren und mit der Butter aufmontieren.

2. Die Papaya schälen und in ca. 5 mm dicke Scheiben schneiden, pfeffern und salzen und in Olivenöl von beiden Seiten braten. Auf Küchenpapier abtropfen lassen.

3. Die Banane schälen und auf der Aufschnittmaschine in dünne Scheibe schneiden. Diese im Läuterzucker kurz marinieren und auf Backpapier im Ofen bei ca. 70 °C für 3 bis 4 Stunden trocknen. Anschließend in einer Kaffeemühle mit einem TL braunen Zucker fein mahlen, mit Salz und Pfeffer abschmecken.

4. Die Rotbarben schuppen, filetieren und die Gräten ziehen. Auf der Hautseite in heißem Olivenöl kross braten.

5. Die Langustinensauce auf Teller verteilen, je 2 Scheiben gebratene Papaya in derselben Größe wie die Rotbarbenfilets anlegen, darauf die Filets verteilen. Mit Bananenpulver und Fleur de Sel bestreuen und mit Olivenöl beträufeln.

Für 4 Personen

Langustinensauce
200g Langustinen-Karkassen
250 ml trockener Weißwein
500 ml Fond blanc
1 EL Fischsauce
150 g Butter

Gebratene Papaya
1 grüne Papaya
Olivenöl

Bananenpulver
(muss 3–4 Std. trocknen)
1 Kochbanane
1 TL brauner Zucker
1 EL Läuterzucker*
Salz, Pfeffer

4 große Rotbarben à 400 g
Olivenöl

Fleur de Sel

* siehe Anmerkung S. 108

Wolfsbarsch mit Tee von Zitroneneisenkraut

und Rosa-Ingwer-Sauce

Für 4 Personen

Wolfsbarsch
4 Scampi
80 g Kalmar
600 g Wolfsbarschfilet
Olivenöl
4 Jakobsmuscheln
1 TL schwarzer Sesam
½ Spitzkohl in Julienne
2 Schalotten in Julienne
50 g Butter
150 ml Fond blanc
1 zerdrückte Knoblauchzehe
Salz, Pfeffer

Rosa-Ingwer-Sauce
150 g rosa Sushi-Ingwer
200 ml Fischfond
100 ml trockener Weißwein
4 EL Crème fraîche

Eisenkrauttee
1 l Wasser
1 Stange Süßholz
2 Knoblauchzehen
1 Bouquet Garni (siehe S. 50)
50 g frisches Zitroneneisenkraut
oder 30 g getrocknet
200 g Trockeneis

1. Die Scampi aus der Schale lösen, den Kalmar in breite Streifen schneiden und den Wolfsbarsch in 12 Portionen aufteilen. Den Wolfsbarsch in heißem Olivenöl auf der Hautseite kross braten, bei starker Hitze die Meeresfrüchte und den Kalmar kurz anbraten. In einem Bambus-Dämpfeinsatz den Spitzkohl verteilen, darauf Fischfilet und Meeresfrüchte anrichten, mit schwarzem Sesam bestreuen. Die Schalotten in der Butter anschwitzen, Knoblauch und Spitzkohl dazugeben und mit Fond blanc ablöschen, mit Salz und Pfeffer würzen und ca. 10 Minuten bei niedriger Hitze garen.

2. Den Ingwer in einen Entsafter geben, bei niedriger Hitze den Fischfond, Weißwein, Crème fraîche und den Ingwersaft reduzieren, um eine sämige Sauce zu erhalten.

3. Das Wasser mit Süßholz, Knoblauch und dem Bouquet Garni aufkochen, 5 Minuten köcheln, vom Herd nehmen, das Eisenkraut dazugeben und 20 Minuten ziehen lassen. Durch ein Haarsieb passieren.

4. Den kochenden Eisenkrauttee auf 4 tiefe Teller verteilen, das Trockeneis dazugeben, den Dämpfeinsatz daraufstellen. Mit der Ingwersauce à part servieren.

Fleisch

Geschmorte Kalbsbäckchen
Kalbscarré mit Zitronengras
Lackierter Bauchspeck mit Anna-Kartoffeln
Rehrücken mit Zitrone und Spitzkohlsalat
Sauerbraten von der Taube

Geschmorte Kalbsbäckchen

mit gratiniertem Topinamburmousse

1. Die Kalbsbäckchen mit einem Schmetterlingsschnitt öffnen, einrollen und binden. In sehr heißem Öl von allen Seiten braten. Das Wurzelgemüse in derselben Pfanne anschwitzen, mit Rotwein und Fond ablöschen. Einmal aufkochen und in einen tiefen Bräter geben. Die Kalbsbäckchen dazugeben, Bouquet Garni, Wacholderbeeren und Nelken hinzufügen. Das Ganze mit Alufolie bedecken und im Ofen bei 150 °C für 3 Stunden schmoren. Die Kalbsbäckchen aus dem Fond nehmen, diesen passieren und dick einkochen. Zum Schluss abschmecken.

2. In der Zwischenzeit die Topinambur schälen und in der Milch kochen. Abtropfen lassen und in der Küchenmaschine mit etwas Garflüssigkeit fein pürieren, die Butter dazugeben mit Salz, Pfeffer und Muskatnuss abschmecken. Das Püree in eine Syphonflasche abfüllen und mit 2 Patronen füllen, warm stellen. Die Perlzwiebeln schälen, von den Frühlingszwiebeln die äußere Haut entfernen. Im Ofen als Papillotte* mit etwas Butter, Salz, Pfeffer und Curry garen.

3. Die Kalbsbäckchen in 2 Portionen teilen, pro Teller 3 Perlzwiebeln und 3 Frühlingszwiebeln dazugeben, mit Sauce angießen. Das Topinamburpüree auf Porzellanschüsseln verteilen, mit Parmesan bestreuen und mit dem Bunsenbrenner gratinieren.

Für 4 Personen

Kalbsbäckchen
(3 Stunden schmoren)
4 Kalbsbäckchen
Öl zum Braten
1 Möhre
1 Zwiebel
1 Bouquet Garni (siehe S. 50)
1 Stange Lauch
½ Knolle Knoblauch
4 Wacholderbeeren
1 Nelke
½ l kräftiger Rotwein
500 ml Fond brun

Topinamburmousse
300 g Topinambur
500 ml Milch
30 g Butter
Salz, Pfeffer, Muskatnuss
12 Perlzwiebeln
12 Frühlingszwiebeln
1 TL Currypulver
50 g geriebener Parmesan

*französische Bezeichnung für den Garprozess in einer Hülle aus Pergamentpapier. Gut geeignet auch für Fisch.

Kalbscarré mit Zitronengras

und kleiner Blätterteig Wellington

Für 4 Personen

Kalbscarré
800 g ausgelöstes Kalbscarré
grobes Salz
Pfeffer aus der Mühle
10 g Butter
2 Schalotten
100 g Sauerampfer
Salz

Zitronengrassauce
400 ml Fond blanc
50 ml Austern-Sauce
3 Stangen Zitronengras
1 Bouquet Garni (siehe S. 50)
2 Knoblauchzehen
2 EL Honig
1 Peperoni

Blätterteig Wellington
150 g Blätterteig
50 g Duxelles*
75 g frische Entenstopfleber
50 ml sirupartig reduzierte Fleischjus
1 EL Trüffelsaft

Trüffelgelee
250 ml Fond blanc
Trüffelöl
1 g Agar-Agar (siehe S. 57)
1 Blatt Gelatine
Salz, Pfeffer

* Die Duxelles ist eine häufig verwendete Farce oder Sauce, die aus pürierten und mit Schalotten in Butter geschmorten Champignons hergestellt wird. Das klassische Filet Wellington wird mit dieser Pilzfarce bestrichen, bevor der Blätterteig darübergelegt wird. Sie schmeckt auch hervorragend als Zwischenschicht im Kartoffelgratin.

1. Das Kalbscarré mit Salz und Pfeffer würzen und in einer Pfanne von allen Seiten anbraten. Im Ofen bei 220 °C ca. 12 bis 15 Minuten garen, mit Alufolie abdecken und 15 bis 20 Minuten ruhen lassen. Das Kalbscarré in 4 Scheiben schneiden und mit der Zitronengrassauce in einer heißen Pfanne lackieren. Die Schalotten in Julienne schneiden und in Butter anschwitzen, Sauerampfer hinzugeben, mit Salz abschmecken.

2. Für die Sauce alle Zutaten in einen Topf geben und sirupartig einkochen. Danach durch ein Haarsieb passieren.

3. Den Blätterteig ausrollen und 4 Quadrate von 6 cm x 6 cm schneiden. Im Ofen bei 230 °C kurz backen, dann die Temperatur auf 180 °C reduzieren und ca. 15 bis 20 Minuten garen. Den Blätterteig in drei Ebenen schichten, mit jeweils einer Scheibe Foie gras und Duxelles füllen.

4. Den Fond blanc mit dem Trüffelöl aufkochen, abschmecken. Das Agar-Agar hinzufügen und noch einmal kurz aufkochen, vom Herd nehmen und die eingeweichte Gelatine dazugeben. Das Gelee mit Salz und Pfeffer abschmecken, in eine Terrine füllen und erkalten lassen. Später das Trüffelgelee in Quadrate von 1 cm x 1 cm schneiden und warm stellen.

5. Jede Scheibe vom Kalbscarré halbieren und mit etwas Sauce auf einem Teller verteilen. Mit einem kleinen Löffel Nocken aus den Sauerampferschalotten formen und dazugeben. Den gefüllten Blätterteig 2 bis 3 Minuten im Ofen erhitzen und auf einem extra Teller mit dem warmen Trüffelgelee und etwas Fleischjus servieren.

Lackierter Bauchspeck mit Anna-Kartoffeln

1. Den Schweinebauch mit dem Salz, schwarzem Pfeffer, gehacktem Knoblauch, Thymian und Rosmarin einreiben und mit zwei Lorbeerblättern für 1 Stunde ruhen lassen. Die Scheiben im Olivenöl 24 Stunden bei 65 °C pochieren. Den Schweinebauch in einer beschichteten Pfanne kross braten. Die Lackiersauce dazugeben und unter Wenden karamellisieren.

2. In einem großen Topf alle Zutaten für die Lackiersauce sirupartig einkochen und durch ein Haarsieb passieren.

3. Die Kartoffeln schälen und in 2 mm dicke Scheiben schneiden. Anschließend 4 kleine Weckgläser buttern und schichtweise die Kartoffeln einlegen, mit Salz, Pfeffer und Muskatnuss würzen und mit geklärter Butter auffüllen. In einem Bad mit heißem Öl bei 200 °C im Ofen ca. 30 Minuten garen. Die Kartoffeln sollen goldbraun und außen kross sein.

4. Auf einem großen Teller eine Scheibe Schweinebauch mit etwas Sauce anrichten. Die Anna-Kartoffeln dazu servieren.

Für 4 Personen

4 große Scheiben frischer Schweinebauch mit Knochen
grobes Meersalz, Pfeffer
2 Knoblauchzehen
2 Thymianzweige
1 Rosmarinzweig
2 Lorbeerblätter
2 l Olivenöl

Lackiersauce
5 EL Soja-Sauce
500 ml Fond blanc
3 EL Honig
2 Knoblauchzehen
½ Peperoni
10 g frisch geriebener Ingwer
1 Stange Zitronengras
2 Lorbeerblätter
1 Thymianzweig
1 Rosmarinzweig

Anna-Kartoffeln
4 Kartoffeln
Salz, Pfeffer
Muskatnuss
150 g Butter
Öl

Rehrücken mit Zitrone und Spitzkohlsalat

und Trockenfrüchteknödel

Für 4 Personen

Rehrücken
½ Rehrücken
1 Zwiebel
1 Möhre
1 Stange Sellerie
1 TL gemahlener Kreuzkümmel
2 Knoblauchzehen
1 Bouquet Garni
4 Wacholderbeeren
1 Stange Zitronengras
1 Zitrone
200 ml Arbois (Weißwein aus dem Jura)
200 ml heller Fond
200 ml dunkler Fond
50 g Butter

Spitzkohlsalat
½ Kopf Spitzkohl
3 EL Bieressig
50 ml heller Fond
1 TL ganzer Kreuzkümmel
Olivenöl
Salz, Pfeffer

Knödel
3 EL gewürfelter Parmaschinken
100 g getrocknete Brotwürfel
1 EL Rosinen
2 EL Walnüsse
1 EL getrocknete Aprikosen
1 EL gegrillte Mandeln
2 Schalotten in Julienne
3 Eier
100 ml Milch
100 g geschmolzene Butter

1. Den Rehrücken auslösen und binden. Die Knochen in einem Bräter anschwitzen, das Wurzelgemüse, die Gewürze, das Zitronengras und die geviertelte Zitrone dazugeben. Mit dem Arbois ablöschen, hellen und dunklen Fond dazugeben. Bei niedriger Hitze 20 Minuten kochen lassen und dann durch ein Haarsieb passieren. Die Rehrückenfilets in diesem Fond bei 65 °C etwa 20 Minuten pochieren, herausnehmen und ruhen lassen. Den Fond um die Hälfte reduzieren und mit Butter binden, abschmecken. Die Rehfilets scharf anbraten und tranchieren.

2. Den Kohl in feine Streifen schneiden, Essig und hellen Fond mit dem Kreuzkümmel aufkochen und über den Kohl gießen. Mit Olivenöl, Salz und Pfeffer abschmecken.

3. Den Parmaschinken anrösten. Alle Zutaten miteinander vermischen, in eine Terrinenform füllen und im Wasserbad im Ofen bei 160 °C etwa 25 Minuten lang garen. Den Knödel in 4 Scheiben schneiden und diese in Olivenöl von beiden Seiten braten.

4. Pro Person je eine Scheibe Knödel auf einen Teller geben, darauf das tranchierte Rehfilet verteilen, großzügig mit Sauce begießen. Dazu den lauwarmen Spitzkohlsalat servieren.

Sauerbraten von der Taube

Für 4 Personen
(muss 1 Woche lang marinieren)

2 Tauben à 400 g
75 g geräucherter Speck
1 Karotte
1 Zwiebel
2 Knoblauchzehen
1 Stange Sellerie
1 Bouquet Garni (siehe S. 50)
2 Wacholderbeeren
1 Nelke
500 ml kräftiger Rotwein
100 ml Rotweinessig
50 g Lardo di Colonnata (weißer italienischer Speck)
2 EL Kürbiskerne
2 Schalotten
100 g Pumpernickel
100 ml roter Portwein
Salz, Pfeffer
Muskatnuss

Sauce
200 ml dunkler Fond
2 EL Ahornsirup
Salz, Pfeffer

Terrine im Filoteig
2 Blätter Filoteig
20 ml geklärte Butter
50 g Entenstopfleber
Fleur de Sel, Pfeffer
2 EL gegrillte Mandelblättchen

1. Von der Taube die Brust und die Keulen auslösen, aus den Karkassen einen dunklen Fond herstellen. Das Keulenfleisch mit dem Speck und dem Wurzelgemüse, dem Bouquet Garni und den Gewürzen 1 Woche in Rotwein und Essig marinieren.

2. Nach 1 Woche das Fleisch und den Speck herausnehmen und zusammen mit dem Lardo durch den Fleischwolf drehen. Die Kürbiskerne, die gehackten Schalotten, 30 g gewürfeltes Pumpernickel und den Portwein dazugeben, mit Salz, Pfeffer und Muskatnuss abschmecken. In einer Terrinenform im Wasserbad bei 150 °C im Ofen ca. 1 Stunde garen. Zusammenpressen, eventuell beschweren und erkalten lassen.

3. Die Marinade um die Hälfte reduzieren, den dunklen Fond dazugeben und erneut auf die Hälfte reduzieren. Nun den restlichen Pumpernickel dazugeben und 10 Minuten ziehen lassen. Mit dem Mixstab pürieren und durch ein Haarsieb passieren. Mit Ahornsirup, Salz und Pfeffer würzen.

4. Das erste Blatt Filoteig mit geklärter Butter einpinseln, das zweite Blatt darauflegen und nun 4 Quadrate mit 6 cm Kantenlänge ausschneiden. Aus der Terrine 4 Würfel mit einer Kantenlänge von 3 cm schneiden, diese in den Filoteig einpacken. Die gewürzten Taubenbrüste auf beiden Seiten anbraten und im Ofen 3 Minuten bei 230 °C garen, dann 5 Minuten ruhen lassen. Auf jeder Taubenbrust eine Scheibe Entenstopfleber anrichten und im Ofen ca. 30 Sekunden erhitzen. Mit Fleur de Sel und grobem Pfeffer würzen, die Terrinenwürfel ca. 4 Minuten garen.

5. Die Sauerbratensauce auf tiefen Tellern verteilen und je einen Terrinenwürfel dazugeben, mit den Mandelblättchen bestreuen. Extra dazu die Taubenbrüste mit der Foie gras servieren.

Gemüse

Barigoule von violetten Artischocken
Gebratene Klebreisschnitte mit Erdnussmilch
Griechische Reisnudeln mit Crevettenchutney
Spaghetti alla Puttanesca

Barigoule von violetten Artischocken

mit Süßkartoffelpüree

Für 4 Personen

2 Süßkartoffeln
Salz, Pfeffer
1 Rosmarinzweig
2 Thymianzweige
3 Knoblauchzehen
400 ml Sahne
8 violette Artischocken
1 Karotte
1 Stange Staudensellerie
2 Schalotten
50 ml Olivenöl
150 ml heller Fond
2 Scheiben Parmaschinken
50 g Butter
4 getrocknete Tomaten

1. Für das Süßkartoffelpüree die Kartoffeln schälen und in eine feuerfeste Auflaufform geben. Mit Salz und Pfeffer würzen, 1 Rosmarinzweig und 1 Thymianzweig sowie 2 Knoblauchzehen dazugeben und mit der Sahne bedecken. Im Backofen bei 180 °C ca. 45 Minuten garen. Aus der Form nehmen und in der Küchenmaschine zu einem feinen Püree verarbeiten, das flüssige Püree in eine Syphonflasche füllen und 2 Patronen daraufgeben.

2. Für das Barigoule die Artischocken putzen und vierteln, restliches Gemüse fein würfeln. Das Olivenöl erhitzen und darin die Artischocken und den in Streifen geschnittenen Parmaschinken farblos anschwitzen, das restliche Gemüse, den Rosmarin- und den Thymianzweig und Knoblauch dazugeben. Mit dem hellen Fond ablöschen und 10 Minuten bei niedriger Hitze garen lassen. Zum Schluss die Butter hinzugeben und noch einmal aufkochen. Mit Salz und Pfeffer abschmecken.

3. In einem tiefen Teller anrichten, mit Olivenöl beträufeln und konfierte Tomaten dazugeben.

Gebratene Klebreisschnitte mit Erdnussmilch

mit Kürbiskompott und Nori-Algen

1. Den Klebreis mehrmals wässern, bis das Wasser klar ist, 12 Stunden in kaltem Wasser einweichen. Das Wasser abschütten, den Reis mit 1 EL Zucker und Salz würzen und mit geschlossenem Deckel im Dampfeinsatz ca. 45 Minuten garen. Dabei den Reis mehrmals umrühren. Anschließend auf Klarsichtfolie etwa 1 cm dick ausstreichen, erkalten lassen.

2. Den Kürbis schälen und in große Würfel schneiden. Mit Salz und Pfeffer würzen, zusammen mit Rosmarin, Thymian, Knoblauch und dem Olivenöl im Bräter mit geschlossenem Deckel bei 180 °C im Ofen ca. 40 Minuten garen. Abtropfen lassen. Diese Masse mit der Butter fein pürieren und in einen Spritzbeutel geben.

3. Die Erdnüsse im restlichen Olivenöl rösten, mit der Milch ablöschen und ca. 1 Stunde bei geringer Hitze ziehen lassen, dabei die Milch nicht kochen. Die Hälfte der Erdnüsse als Garnitur herausnehmen und die restlichen Nüsse mit der Milch fein pürieren, die Milch dabei aufschäumen.

4. Den Reis mit einem nassen Messer portionieren und von beiden Seiten kross braten. Auf einen Teller geben, das Kompott mit dem Spritzbeutel daneben anrichten, die aufgeschäumte Erdnussmilch dazugeben und mit fein geschnittener Julienne von Nori-Algen und den restlichen Erdnüssen garnieren.

Für 4 Personen

Klebreisschnitte (Reis muss 12 Stunden einweichen)
200 g Klebreis
1 EL Zucker
Salz

Kürbiskompott
300 g Kürbisfleisch
Salz, Pfeffer
1 Rosmarinzweig
2 Thymianzweige
2 Knoblauchzehen
100 ml Olivenöl
50 g Butter

Erdnussmilch
100 g ungesalzene Erdnüsse
50 ml Olivenöl
250 g Milch

1 Blatt geröstete Nori-Algen*

* Algen, besonders Seetang, werden vor allem in Ostasien als Lebensmittel genutzt. Je nach Art sind sie nahezu geschmacklos oder haben einen würzig-salzigen Geschmack. Zu den heute durch die japanische Küche auch in Europa bekannten Sorten gehören Kombu, Wakame und das besonders für Sushi verwendete Nori.

Griechische Reisnudeln mit Crevettenchutney

mit grünem Spargel, Orangenbutter und Cracker mit Lardo di Colonnata

Für 4 Personen

Chutney
50 g getrocknete Crevetten (Asia-Markt)
1 g Chili-Pulver
1 Msp Kardamompulver
1 kleine Zwiebel, in feinen Würfeln
1 Knoblauchzehe
20 g geriebene Kokosnuss
30 ml Kokosmilch

Griechische Reisnudeln
200 g Reiskornnudeln
2 Schalotten, in feinen Würfeln
75 g Butter
400 ml heller Fond
50 ml geschlagene Sahne
50 g Parmesan
Salz, Pfeffer

Spargel mit Orangenbutter
8 Stangen grüner Spargel
Saft von 3 Orangen
25 g Butter
4 dünne Scheiben Baguette-Brot
4 dünne Scheiben Lardo di Colonnata*

* Lardo (italienisch für Speck) ist ein besonders gereifter, fetter Speck der italienischen Küche. Guter Lardo ist weiß oder leicht rosig gefärbt.

1. Für das Chutney die getrockneten Crevetten im Ofen bei 200 °C für 3 Minuten rösten. Die restlichen Zutaten dazugeben und noch 2 Minuten mitrösten, mit Kokosmilch ablöschen und im Mörser zu einer Paste verarbeiten, abschmecken.

2. Für die Reisnudeln die Schalotten in 75 g Butter glasig schwitzen, Reisnudeln dazugeben und weitere 2 Minuten anschwitzen, mit dem Fond ablöschen und unter ständigem Rühren wie einen Risotto fertig garen. Wenn die Nudeln gar sind, die restliche Butter, geschlagene Sahne und den Parmesan unterheben, mit Salz und Pfeffer abschmecken.

3. Den Spargel schälen und in Olivenöl anschwitzen, würzen, mit Orangensaft ablöschen und aufkochen lassen, den Sud mit der Butter leicht binden. Die Scheiben Baguette im Ofen rösten und mit dem Lardo belegen.

4. Den Spargel auf einem rechteckigen Teller anordnen und die Orangenbutter angießen. In einem kleinen Schälchen die Reisnudeln mit dem Chutney reichen und dazu die mit Lardo belegten Baguettescheiben servieren.

Spaghetti alla Puttanesca

mit Ravioli von grünem und rotem Paprika mit Tomatenessenz

1. Für die Spaghetti alle Zutaten in der Küchenmaschine zu einem festen Teig verarbeiten. In Klarsichtfolie einschlagen und mindestens 1 Stunde ruhen lassen. In der Nudelmaschine schneiden.

2. Den Fenchel mit dem Sternanis und dem Fenchelsamen in einen Heißentsafter geben, den gewonnenen Sud mit Salz und Pfeffer abschmecken und durch einen Kaffeefilter passieren. Mit dem Olivenöl, dem Wasser, dem Zitronensaft und dem Lecithin mixen, mit Salz und Pfeffer abschmecken und mit dem Stabmixer aufschäumen.

3. Die Oliven vierteln und die Petersilie und den Koriander in feine Streifen schneiden. Die Sardellenfilets und die Schalotten hacken. Die Tomaten schälen und anschwitzen. Alle Zutaten bis auf die Kräuter in heißem Olivenöl anschwitzen, vom Herd nehmen, die Kräuter dazugeben, mit grob gemahlenem schwarzen Pfeffer würzen und abgedeckt warm stellen.

4. Für die Ravioli den Paprikasaft aufkochen, das Agar-Agar unterrühren und dünn auf ein Blech aufgießen, erkalten lassen. Die roten Paprika im Ofen bei 230 °C rösten, bis die Haut aufplatzt, in Alufolie wickeln und erkalten lassen. Die Haut abziehen und das Kerngehäuse entfernen. Das Fruchtfleisch hacken und mit Knoblauch, Olivenöl und Kräutern mindestens 1 Tag marinieren.

5. Für die Tomatenessenz alle Zutaten mit dem Mixstab fein pürieren, in einem Passiertuch über Nacht abtropfen lassen. Eventuell noch durch einen Kaffeefilter passieren.

6. Die Spaghetti in kochendem Salzwasser blanchieren, mit einer Schöpfkelle herausnehmen und zur Sauce geben, einmal kurz erhitzen, mit einer Gabel aufdrehen und in tiefen Tellern anrichten.

7. Den Fenchelsaft erhitzen, kleine Schnapsgläser zu zwei Drittel füllen, den Olivenölschaum daraufgeben. Aus dem gelierten Paprikasaft pro Person 2 runde Taler ausstechen. Davon je einen in einen tiefen Teller geben, mit dem roten Paprika füllen, mit der zweiten Lage bedecken und mit Tomatenessenz angießen.

Für 4 Personen

125 g Nudelmehl
125 g Hartweizengrieß
2 Eier
20 ml Olivenöl
3 g Salz

Fenchelsaft
4 Fenchelknollen
2 Sternanis
1 EL Fenchelsamen
Salz, Pfeffer
75 ml Olivenöl
20 ml Wasser
Saft von 1 Zitrone
½ TL Sojalecithin

Sauce Puttanesca
1 EL entsteinte schwarze Oliven
2 EL Blattpetersilie und Koriander
6 Sardellenfilets
2 Schalotten
4 Tomaten
1 Knoblauchzehe
Olivenöl
1 TL Kapern Nonpareille

Ravioli (Füllung muss einen Tag lang marinieren)
150 ml grüner Paprikasaft
2 g Agar-Agar (s. Fußnote S. 57)
2 rote Paprika
1 Knoblauchzehe
2 Rosmarinzweige
2 Thymianzweige
100 ml Olivenöl

Tomatenessenz
(muss über Nacht ruhen)
1 kg reife Roma-Tomaten
2 Knoblauchzehen
1 TL Tabasco
Salz, Pfeffer

Desserts

Kleines Tiramisu von Schokoladenmousse
Lockeres Nougatküchlein mit Bittermandel-Eis
Tarte nach Tropezianer Art
Warmes Küchlein von Schokolade und Kakao
Schokoladenmousse mit Kondensmilchschaum

Kleines Tiramisu von Schokoladenmousse

mit Kaffee-Sabayon, dazu Mascarpone-Creme katalanischer Art und Amaretto-Eis

1. Für die Hippe Löffelbiskuits fein mahlen. Glukose und Läuterzucker aufkochen und mit dem Löffelbiskuitpulver vermischen. 30 Minuten ruhen lassen. Mit einer Schablone 4 etwa 5cm x 8 cm große Streifen dünn auf eine Backmatte streichen und bei 180 °C goldbraun backen. Anschließend die noch heißen Hippen mit einem Röhrchen eindrehen und in einer Dose aufbewahren.

2. Für die Mousse Schokolade im Wasserbad schmelzen. Den Zucker mit etwas Wasser bei 110 °C aufkochen. Ei und Eigelb schaumig schlagen, den gekochten Zucker hinzufügen und so lange schlagen, bis die Masse kalt ist. Die geschmolzene Schokolade vorsichtig unter die Eimasse ziehen. Anschließend die geschlagene Sahne unterheben und im Kühlschrank fest werden lassen. Für die Sabayon alle Zutaten über dem Wasserbad schaumig schlagen. In eine Siphonflasche mit 2 Gaspatronen füllen und im Kühlschrank aufbewahren.

3. Für die Creme Zucker mit etwas Wasser karamellisieren. Mit Milch ablöschen und köcheln, bis der Karamell sich aufgelöst hat. Mit Sahne auffüllen, Eigelb hinzufügen und gut durchrühren. Die Masse auf 84 °C erhitzen. Durch ein Sieb passieren und 24 Stunden im Kühlschrank erkalten lassen. Den Mascarpone unterrühren und im Kühlschrank aufbewahren.

4. Für das Eis Milch, Sahne, Milchpulver und Glukose aufkochen. Durch ein Sieb passieren und im Kühlschrank 12 Stunden ruhen lassen. Dann den Amaretto hinzufügen und in der Eismaschine gefrieren lassen. Kalt aufbewahren.

5. Mandeln mit etwas Zucker anrösten. Eine Hippe in die Mitte eines Tellers legen und mit Hilfe eines Spritzbeutels zur Hälfte mit Schokoladenmousse füllen. Die restliche Hälfte mit dem Kaffee-Sabayon auffüllen. Auf einen weiteren Teller 2 Nocken von der Mascarponecrème geben, mit etwas Kakaopulver und gehackten, gebrannten Mandeln bestreuen. Dazu in einem Töpfchen eine Kugel Amaretto-Eis servieren.

Für 4 Personen

Löffelbiskuit-Hippe
50 g Löffelbiskuit
25 g Glukose
125 g Läuterzucker*

Schokoladenmousse
80 g Manjari-Schokolade von Valrhona
1 Eigelb
1 Ei
40 g Zucker
150 ml geschlagene Sahne

Kaffee-Sabayon
2 Eigelb
50 g starker Espresso
30 g Zucker

Mascarpone-Creme katalanischer Art
(muss 24 Stunden kühlen)
40 g Zucker
50 g Milch
250 g Sahne
2 Eigelb
200 g Mascarpone

Amaretto-Eis
(muss 12 Stunden ruhen)
200 g Milch
25 g Sahne
10 g Milchpulver
40 g Glukose
50 g Amaretto

40 g geschälte Mandeln

* farbloser, reiner Zuckersirup siehe S. 80

Lockeres Nougatküchlein mit Bittermandel-Eis

dazu die „kleine Reise nach Marokko"...

Für 4 Personen

Nougatküchlein
125 g Gianduja-Schokolade „Noisette noir" von Valrhona
125 g Butter
25 g Zucker
1 großes Ei
35 g Mehl

Gianduja-Sauce
100 g Milch
100 g Gianduja-Schokolade

Bittermandel-Eis
200 g Milch
4 g Bittermandelaroma
3 Eigelb
60 g Zucker
125 g Sahne

Orangenhippe
Zesten von 3 Orangen
30 g Zucker
10 g Pinienkerne
10 g Mehl
5 g Orangensaft
10 g Butter
1 EL Honig
Blätter von einem Thymianzweig

Süßer Couscous wie ein Milchreis
100 g Couscous
100 g Wasser
Spritzer Olivenöl
50 g Milch
50 g Kondensmilch
1 TL gemahlener Zimt

Fortsetzung siehe S. 112

1. Die Schokolade im Wasserbad schmelzen. Die Butter und den Zucker mit dem Schneebesen schaumig schlagen. Die geschmolzene Schokolade hinzufügen und glatt rühren. Das Ei nach und nach unter ständigem Rühren untermischen. Das Mehl sieben und vorsichtig unter die Masse heben. In eine 5 cm hohe Form mit Backpapier gießen und 15 Minuten im vorgeheizten Backofen bei 190 °C backen. Nach dem Backen stürzen und erkalten lassen. Mit einem Ringausstecher von 4 cm Durchmesser 4 gleichmäßige Küchlein ausstechen.

2. Die Milch und die Schokolade für die Gianduja-Sauce in einen Topf geben und auf schwacher Flamme zu einer homogenen Masse rühren. Danach kalt stellen.

3. Für das Bittermandel-Eis die Milch und das Bittermandelaroma aufkochen. Das Eigelb und den Zucker 5 Minuten mit dem Schneebesen schlagen. Zunächst etwas von der heißen Milch auf die Ei-Zucker-Mischung geben und dann diese Mischung unter ständigem Rühren in die restliche heiße Milch einarbeiten und auf 86 °C erhitzen, zur Rose abziehen. Die heiße Masse durch ein Sieb auf die kalte Sahne passieren. Vorsichtig unterrühren, abkühlen lassen und in der Eismaschine gefrieren.

4. Für die Hippe die Blätter von 1 Zweig Thymian zupfen. Alle Zutaten zusammen in eine Küchenmaschine mit Messer geben und zu einem glatten Teig rühren. Aus Plastik eine dreieckige Schablone anfertigen und mit Hilfe der Schablone den Teig mit einer Palette dünn auf eine Silikonbackmatte streichen. Im vorgeheizten Backofen bei 180 °C goldbraun backen. Vorsichtig von der Backmatte lösen und in einer trockenen Dose aufbewahren.

5. Den Couscous in eine Schüssel geben. Das Wasser mit dem Olivenöl in einem Topf erhitzen und auf den Couscous gießen. Mit einem Löffel den Couscous auflockern und im Kühlschrank aufbewahren. Die Milch mit der Kondensmilch und dem Zimt verrühren und aufbewahren.

Lockeres Nougatküchlein mit Bittermandel-Eis

dazu die „kleine Reise nach Marokko"...

Chutney von exotischen Früchten
100 g Papaya
50 g Pattaya-Mango
50 g Ananas
80 g Apfelessig mit 5% Säure
25 g brauner Zucker

Pfefferminztee
100 g Wasser
25 g Pfefferminzblätter
25 g Zucker

6. Die Papaya, die Mango und die Ananas in Würfel schneiden. Alle Zutaten in einen Topf geben und auf kleiner Flamme einkochen, bis die Konsistenz ähnlich der einer Marmelade ist.

7. Wasser und Zucker aufkochen, vom Herd nehmen und die Pfefferminzblätter hineingeben. Für 10 Minuten ziehen lassen, dann passieren und im Kühlschrank erkalten lassen.

8. In einen tiefen Teller etwas Gianduja-Sauce geben. Die Nougatküchlein für 15 Sekunden in der Mikrowelle erhitzen und dann in die Mitte des Tellers geben. Eine Kugel Bittermandel-Eis auf das Küchlein geben und mit einer Orangenhippe dekorieren. In ein Töpfchen etwas Couscous geben und mit der Kondensmilch-Zimt-Mischung begießen. In ein Schälchen etwas Chutney geben und mit etwas gehackter Minze dekorieren. In einem Glas etwas kalten Pfefferminztee dazu servieren.

* Eine zur Rose abgezogene Eigelbmasse ist meistens die Grundlage für Cremes und Süßspeisen. Eigelb wird mit Milch und Zucker verquirlt und langsam in einem Wasserbad erhitzt. Die Rose bildet sich bei einer Temperatur zwischen 75 °C und 85 °C. Achtung: ab 85 °C gibt es Rührei.

Tarte nach Tropezianer Art

dazu Karamell-Mousse und Pinienkerne, Rumgelee und Kümmel-Eis

Für 4 Personen

Zitronenbiskuit
80 g Eiweiß
45 g Zucker
45 g gemahlene Mandeln
15 g Zitronenzesten (3 x blanchiert)

Gestürzte Zitronencreme
Teil 1 – Die Zitronenmarmelade
2 Zitronen
100 g Zucker
10 g Wasser

Teil 2 – Die Creme
2 Stangen Zitronengras
125 g Milch
10 g Zucker
Zesten von einer Zitrone
Zesten von 2 Limetten
1 Ei

Rumgelee
(muss 12 Stunden erkalten)
1 Blatt Gelatine
100 ml brauner Rum
100 ml Wasser
20 g Zucker
1 g Agar-Agar (siehe Fußnote S. 57)

Kümmel-Eis
6 g Kümmel, ganz
200 g Milch
35 g Milchpulver
3 Eigelb
50 g Zucker
50 g Sahne

(Fortsetzung siehe S. 114)

1. Das Eiweiß und den Zucker steif schlagen, anschließend die Mandeln und die Zitronenzesten darunterheben. Auf ein Blech mit Backpapier etwa 5 mm dick streichen und bei 190 °C im vorgeheizten Backofen 8 Minuten backen, auskühlen lassen und 4 etwa 5 cm x 5 cm große Quadrate schneiden.

2. Für die Zitronenmarmelade die Schale von einer Zitrone in feine Julienne schneiden, in Wasser blanchieren. 1 Zitrone pressen, die zweite Zitrone schälen und in feine Scheiben schneiden. Die Hälfte der Julienne, den Zitronensaft, die Zitronenscheiben und das Wasser in einen Topf geben und 5 Minuten auf kleiner Flamme köcheln, anschließend den Zucker hinzufügen und auf 107 °C kochen. Die restlichen Julienne hinzugeben und abkühlen lassen.

3. Für die Zitronencreme das Zitronengras klein schneiden und mit allen Zutaten, außer dem Ei, 10 Minuten köcheln. Vom Herd nehmen und 30 Minuten ziehen lassen. Durch ein Sieb passieren und mit dem Ei verrühren. In 4 kleine Glastöpfchen 1 EL Zitronenmarmelade geben. Töpfchen mit der Creme 2 cm füllen. Im Wasserbad bei 150 °C 25 Minuten im vorgeheizten Backofen garen. Aus dem Wasserbad nehmen und abkühlen lassen.

4. Für das Rumgelee die Gelatine in kaltem Wasser einweichen. Den Rum mit dem Wasser, dem Zucker und dem Agar-Agar aufkochen, vom Herd nehmen und die Gelatine darin auflösen. In eine Kastenform gießen und im Kühlschrank 12 Stunden fest werden lassen. Aus der Form stürzen und daraus 4 kleine Würfel schneiden.

5. Den Kümmel in einer Pfanne auf dem Herd leicht rösten, abkühlen lassen und in einer Kaffeemühle fein mahlen. Die Milch und das Milchpulver aufkochen. Das Eigelb und den Zucker 5 Minuten mit dem Schneebesen schlagen. Etwas von der heißen Milch auf die Ei-Zucker-Mischung geben und das Ganze unter ständigem Rühren in die heiße Milch geben und auf 86 °C, wie eine Vanillesoße, zur Rose kochen (siehe S. 112), Kümmelpulver hinzufügen und 30 Minuten ziehen lassen, die Masse auf die kalte Sahne passieren. Alles abkühlen lassen und in der Eismaschine gefrieren lassen.

Tarte nach Tropezianer Art

dazu Karamell-Mousse und Pinienkerne, Rumgelee und Kümmel-Eis

Pinienkernkaramell
80 g Zucker
120 g Pinienkerne

Karamell-Mousse
160 g Sahne
60 g Pinienkernkaramell

Pinienkernbiskuit-Croutons
40 g Eigelb
40 g Zucker
50 g Eiweiß
18 g Mehl
35 g gemahlene Pinienkerne
15 g flüssige Butter

6. Für das Pinienkernkaramell die Pinienkerne im Ofen bei 180 °C goldbraun rösten. Den Zucker in einem Topf zu Karamell kochen. Die Pinienkerne hinzugeben, verrühren und auf eine Backmatte streichen; abkühlen lassen. Das Pinienkernkaramell im Thermomix oder Mixer zu einer feinen Masse pürieren. Durch ein Sieb streichen.

7. Für die Karamell-Mousse beide Zutaten in der Eismaschine zu einer Mousse verarbeiten.

8. Für die Croutons das Eigelb mit 20 g Zucker aufschlagen. Das Eiweiß mit den restlichen 20 g Zucker steif schlagen. Beide Massen vorsichtig miteinander vermischen. Das Mehl, die gemahlenen Pinienkerne und die Butter unterheben. Die Masse auf ein Blech mit Backpapier etwa 5 mm dick aufstreichen und im vorgeheizten Backofen 5 bis 6 Minuten bei 200 °C backen. Dann abkühlen lassen, in Croutons schneiden und in der Pfanne mit etwas Butter anrösten. Erneut abkühlen lassen.

9. Zum Anrichten ein Zitronenbiskuit auf einen Teller geben und darauf eine Zitronencreme stürzen. Daneben einen Würfel Rumgelee geben. In einen weiteren, tiefen Teller eine Nocke Karamell-Mousse geben. Etwas Karamell daraufgießen und mit Croutons bestreuen. Dazu servieren wir separat eine Kugel Kümmel-Eis.

Warmes Küchlein von Schokolade und Kakao

mit Gewürzkuchen-Mousse, Pistazien-Gratin mit Griottines und Kastanien-Eis

Für 4 Personen

Warmes Küchlein von der Schokolade
75 g Butter
50 g Zartbitterkuvertüre
50 g Kakaopulver
1 Prise Salz
40 g Crème fraîche
65 g Ei
100 g Zucker
45 g Mehl

Kakaosplitter
20 g weiche Butter
20 g Zucker
10 g gehobelte Mandeln
10 g Kakaobohnenbruch

Gewürzkuchen-Mousse
125 g Milch, 125 g Sahne
10 g Lebkuchengewürz
1 Eigelb, 25 g Zucker
2 Blatt Gelatine
100 g geschlagene Sahne

Kastanien-Eis (12 Stunden kühlen)
140 g Milch, 30 g Sahne
16 g Milchpulver
8 g Glukose
80 g Maronenpaste
80 g Maronenpüree
20 g Eigelb
20 g Zucker

Pistazien-Gratin mit Griottines
60 g Milch, 45 g Sahne
20 g Pistazienpaste
2 Eigelb
75 g Zucker
10 g Kartoffelstärke
1 Blatt Gelatine
2 Eiweiß
1 EL Williamschristbirnenschnaps
20 g gehackte Pistazien
16 Griottines (in Likör eingelegte Kirschen)

1. Butter, Zartbitterkuvertüre und Kakao im Wasserbad schmelzen und mit einer Prise Salz und Crème fraîche glatt rühren. Ei und Zucker cremig schlagen, die Ei-Zucker-Mischung vorsichtig unter die Schokomasse heben, dann das Mehl unterheben, in eine hohe Form gießen und 15 Minuten bei 180 °C backen. Die Masse auskühlen lassen und mit einem 5-cm-Ausstecher 4 Küchlein ausstechen.

2. Für den Kakaosplitter alle Zutaten miteinander vermischen, dünn auf eine Backmatte streichen und im Ofen bei 180 °C backen. Mit einem Ausstecher von 5 cm Durchmesser 4 Krokants ausstechen.

3. Für die Mousse Milch und Sahne mit dem Lebkuchengewürz aufkochen, Eigelb und Zucker cremig schlagen. Beide Massen miteinander vermischen und zur Rose (siehe S. 112) kochen. Anschließend passieren. Die Gelatine einweichen und in der Gewürzcreme auflösen. Die Creme kalt rühren und die geschlagene Sahne vorsichtig unterheben. Im Kühlschrank kalt stellen.

4. Kastanien-Eis: Milch, Milchpulver, Glukose, Sahne, Maronenpaste und Maronenpüree unter Rühren zu einer glatten Masse kochen. Eigelb und Zucker cremig rühren und zu den restlichen Zutaten geben. Auf 84 °C erhitzen, mixen, passieren und 12 Stunden abkühlen lassen. Nochmals mixen und in der Eismaschine gefrieren.

5. Pistazien-Gratin: Milch, Sahne und Pistazienpaste aufkochen. Eigelb, die Hälfte des Zuckers und die Kartoffelstärke cremig schlagen. Die Eigelb-Mischung zur Masse geben und zu einem Pudding kochen. Die Gelatine einweichen, im Pudding auflösen und Alkohol hinzufügen. Das Eiweiß mit dem restlichen Zucker zu Schnee schlagen und unter die Masse heben. Die Griottines auf 4 Teller verteilen und mit der Pistazien-Gratin-Masse bedecken. Mit gehackten Pistazien bestreuen und im Kühlschrank aufbewahren.

6. Zum Anrichten die Schokoküchlein in der Mikrowelle kurz erhitzen, auf einen Teller legen und mit Kakaosplitter bedecken. Die Gewürzmousse in ein Glas spritzen und mit Lebkuchensirup beträufeln. 8 Minuten bei 200 °C backen und mit einem Eis servieren.

Schokoladenmousse mit Kondensmilchschaum

mit Bananen-Croque-Monsieur und Karamell-Butter-Eis mit Macis

Für 4 Personen

Croque-Monsieur
4 Scheiben Toastbrot
50 g Butter
10 g Puderzucker, etwas Zimt
20 g Kondensmilch
1 Banane

Warme Schokoladenmousse
50 g dunkle Kuvertüre, Extra Amer von Valrhona
50 g Xocopilikugeln, Gewürzschokolade von Valrhona
75 g Sahne
75 g Eiweiß

Kondensmilchschaum
200 ml Milch
60 g Kondensmilch
7 g Lecithin

Karamell-Butter-Eis mit Macis
55 g Zucker
250 g Milch
30 g Nussbutter (siehe S. 75)
3 g Macispulver*
10 g Milchpulver
2 Eigelb
10 g Zucker

Sandkuchen-Nougatine
5 g gemahlene Mandeln
5 g Zucker
20 g Butter
1 Prise Salz
25 g Mehl

50 g Zucker

50 g gehackte Haselnüsse

*Macis : Samen des Muskatnussbaums. Macis hat einen aromatisch-milden, leicht bitteren Geschmack.

1. Die Toastbrotscheiben der Länge nach halbieren und mit Butter bestreichen. Mit Puderzucker und Zimt bestreuen und etwas Kondensmilch darüberträufeln. Die Hälfte der Toastscheiben mit Bananenscheiben belegen, mit dem übrigen Toast zusammenklappen. Im Sandwichtoaster die Croque-Monsieur goldbraun backen. In 3 gleich große Stücke schneiden und warm aufbewahren.

2. Für die Mousse Schokolade und Sahne unter ständigem Rühren erhitzen. Vom Herd nehmen und das flüssige Eiweiß unterrühren, bis eine homogene Masse entsteht. In eine Siphonflasche mit 2 Gaspatronen füllen und im Wasserbad bei 60 °C aufbewahren. Für den Schaum alle Zutaten vermischen, einmal kurz erhitzen (nicht kochen!), in eine Schüssel passieren und bei 40 °C aufbewahren.

3. Für das Eis 55 g Zucker mit etwas Wasser karamellisieren. Mit der Milch ablöschen. Nussbutter, Macispulver und Milchpulver hinzufügen und aufkochen. Das Eigelb und 10 g Zucker 5 Minuten aufschlagen. Etwas von der heißen Milch auf die Eigelb-Zucker-Mischung geben, verrühren und diese Mischung in die Milch geben. Die Masse auf 84 °C zur Rose abziehen (siehe S. 112), in ein kaltes Gefäß passieren. Abgekühlt in die Eismaschine geben.

4. Für die Nougatine alle Zutaten bis auf 50 g Zucker verkneten, dünn ausrollen und bei 180 °C goldbraun backen. Danach abgekühlt durch ein Sieb streichen, bis ein feines Pulver entsteht. Die 50 g Zucker mit etwas Wasser karamellisieren, das Pulver und Karamell verrühren und sofort zwischen 2 Backmatten mit einem Nudelholz dünn ausrollen. Abgekühlt in einer Dose aufbewahren.

5. Die Haselnüsse mit etwas Zucker karamellisieren. In ein Glas etwas von der warmen Schokoladenmousse spritzen. Die Kondensmilch aufschäumen und das Glas damit auffüllen. In einem tiefen Teller eine Kugel Eis platzieren, mit den Haselnüssen und den Sandkuchen-Nougatine-Splittern verzieren. Dazu je 3 Stücke Croque-Monsieur servieren.

REGISTER

REGISTER

Impressum

Eric Menchon
2008 © Bibliothek der Köche für die Süddeutsche Zeitung Edition,
Süddeutsche Zeitung GmbH, München

Fotografie: Bernd Grundmann
Texte: Ingo Swoboda
Rezepte: Eric Menchon
Art Director: Eberhard Wolf
Grafik: Julia Wolf
Projektmanagement: Gabriella Hoffmann, Katinka Holupirek
Projektleitung: Dirk Rumberg

Litho: JournalMedia GmbH, München
Herstellung: Hermann Weixler, Luitgard Ludwig
Druck und Bindung: Holzhausen Druck & Medien GmbH, Wien

Printed in Austria
ISBN: 978-3-86615-559-6

Bibliothek der Köche

Einfach kochen wie die Besten

Sterneköche für zu Hause

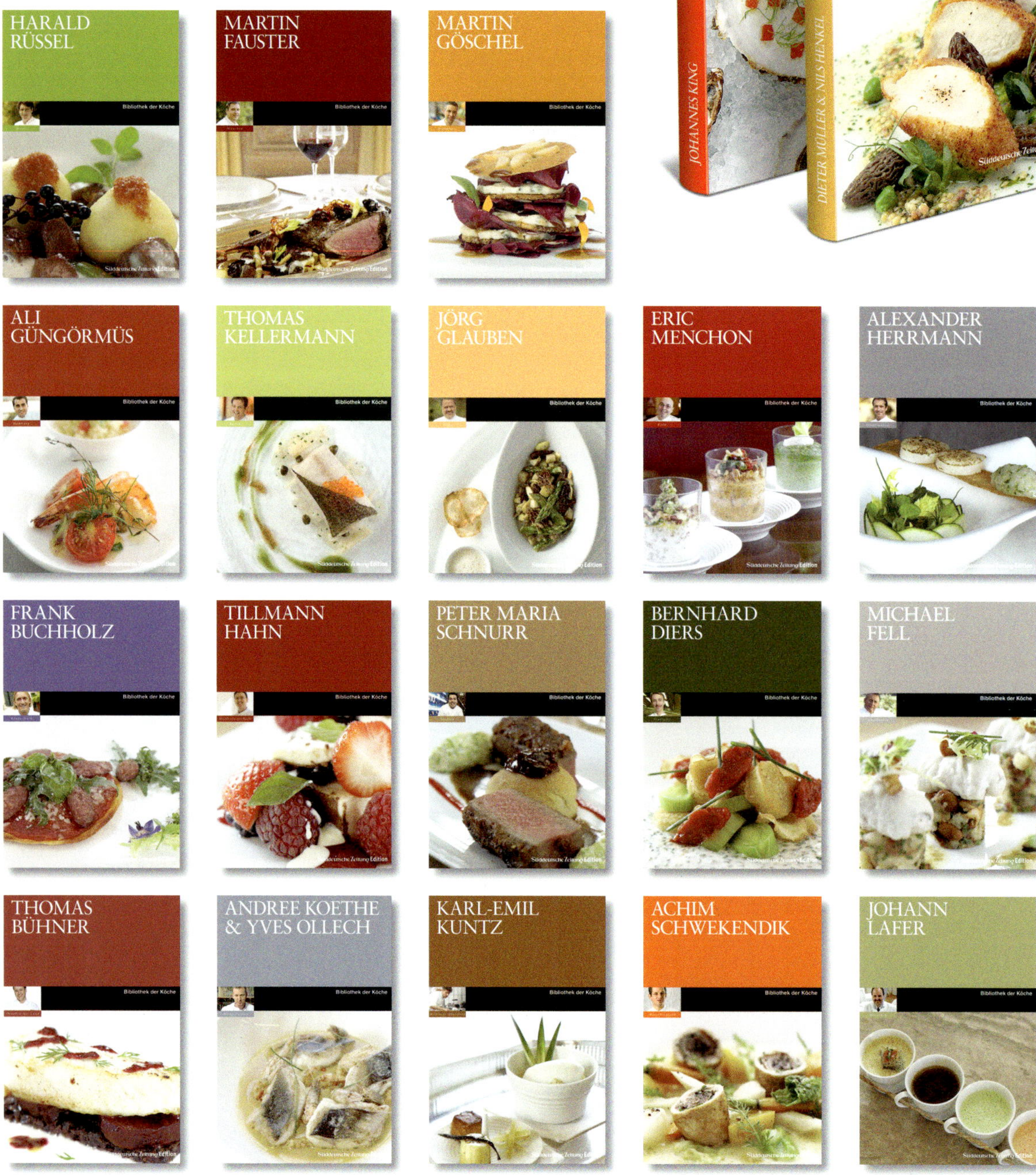

Coveränderungen vorbehalten!